KB097758

김희진

대학에서 영문학을, 대학원에서 비교문학을 공부한 후
편집이 무엇인지 알지 못한 채 해맑게 편집자 생활을
시작했다. 세 군데 출판사에서 10년 정도 일한 후, 10년 차가
되던 2010년에 민음사의 인문교양 브랜드 반비를 만들어
10년 동안 편집장으로 일하고 20년 차가 되던 2020년에
퇴사했다. 엄밀한 사회과학책보다 사회적인 메시지를
담은 책을 많이 만들어서 이 책을 쓰게 된 것 같다.
『디아스포라 기행』외 서경식의 책들, 『이것이 인간인가』등
프리모 레비의 아우슈비츠 증언 문학, 수 클리볼드의
『나는 가해자의 엄마입니다』, 『멀고도 가까운』과
『걷기의 인문학』등 리베카 솔닛의 에세이, 『메트로폴리스
서울의 탄생』등 공간과 주거에 관한 책, 『생각을
빼앗긴 세계』등 테크놀로지와 매체 변화에 관한 책을
기획·편집했다. 반비에서 마지막으로 편집한 책은
세라 스마시의 『하틀랜드』다.
2017년 한국출판인회의에서 올해의 출판인(편집
부문)으로 선정되었고, 한국출판예비학교(SBI)와
한겨레교육문화센터에서 출판 편집의 여러 과정을 가르치고
있다. 『돌봄 인문학 수업』을 썼고 출판사 창업을 준비 중이다.

사회과학책 만드는 법

사회과학책 만드는 법

시대에 필요한 질문을 던지는 편집자의 공부

김희진 지음

유유

돈 벌며 공부하는 일

2019년 가을에 '편집자 공부책' 가운데 한 권, 『사회과학책 만드는 법』 집필을 제안받았다. 내가 쓰지 못할 책이라는 몇 가지 객관적인 근거가 곧바로 떠올랐으나, 유유 출판사에서 책을 내면 또 뭔가를 배울 것 같다는 호기심이 걱정을 이겼다. 오랫동안 해 온 일을 하면서도 거센 변화들 앞에 다소 무력하게 내던져진 느낌과, 그동안 조금씩 어깨에 얹어 온 다양한 요구들에 짓눌리는 듯한 느낌을 받던 차였다. 유유는 그런 변화와 요구들을 자기 스타일대로 소화할 줄 아는 듯한 동료 출판사다.

내가 이 책을 쓸 적임자가 아니라고 생각한 이유는 우선 제목에 포함된 '사회과학책'이라는 단어 때문이다.

나는 '사회과학' 분야에 전문화된 편집자가 아니고, 현장에서도 이런 분과 학문의 경계를 따르는 분야 구분이 모호해지고 있다. 제목을 '인문사회책 만드는 법', '사회 분야 책 만드는 법', '사회 책 만드는 법'으로 바꾸자고 졸라 보았다. (대표님과 편집자님들의 얼굴에서 언젠가 내가 저자들 앞에서 지었을 법한, 존중 뒤편에 점잖게 숨어 있는 경악의 표정을 보았다.)

나는 엄밀한 정의를 충족시키는 '사회과학책'을 잘 만들어 온 편집자는 아니다. 하지만 책을 만들 때 사회 이슈를 환기시키고 관련된 메시지를 전달하는 것에 꾸준히 관심을 가져 왔고, 최근에는 분야를 막론하고 에세이나 실용책에서도 사회적인 메시지를 담는 일이 중요해지고 있다고 느낀다. 그런 작업의 중요성과 어려움, 즐거움 등에 대해 이야기하는 책이라면 내가 써 볼 수 있겠다고 용기를 냈다.

당시는 내가 책을 만드는 과정이나 습관, 태도가 여전히 유효한 것인지를 짚어 보던 때이기도 했다. 책 한 권을 제대로 펴내려면 투여해야 할 노동이 너무나 많다. 그리고 그중 상당수는 보이지 않는다. 저자의 노동, 번역자의 노동, 편집자의 노동, 디자이너의 노동, 오퍼레이터의 노동, 마케터의 노동, 출력실 담당자·인쇄소·제작자의 노동, 창고와 물류업체·유통업체·서점원의 노동, 기타 지원 인력의 노동에 제대로 값을 매기려면 책은 얼마나 팔려야 할까? 그런데 책의 발견성은 점점 더 줄어들고 전통적으로 책을 알리고 팔던 방식들은 효과가 약해지고 있다. 그런데도 책이 발견되게 하려고 많은 자원을 쏟아 붓다 보면 정작 책 안의 수많은 보이지 않는 노동은 삭제될 수밖에 없다. 이것은 아마 업종을 초월해 현대 사회의 모든 '만들어 파는' 사람들의 고충일지도 모르겠다.

이런 어려움이 책이라는 매체 자체의 성격과 의미까지 바꿀 수도 있을 것 같았다. 책은 아직 여러모로 신뢰 자원이 풍부한 매체다. 특히 이렇게 말과 글이 많아지고 쉬워진 때 사람들은 '책'에 실린 말과 글을 다른 곳에서 듣고 읽을 수 있는 말과 글보다 더 엄밀하게 숙고된 생각이라 믿는다. 책의 그런 미덕을 담아내기 위해서 때로는 보이고 때로는 보이지 않는 노동을 감내한다. 하지만 우리가 보이지 않는 노동을 하나둘 삭제할 때마다 보이지 않는 '신뢰'라는 자원을 깎아먹고 있는 것이 아닐까 하는 생각이 들 때가 있다. 북극의 빙하가 조금씩 녹아내리듯이 그 거대한 '신뢰'도 조금씩 녹아내리는 것이 아닐까.

그렇지만 편집자란 어디쯤인가에서 반드시 균형을 찾아내는 사람, 그렇게 책이 세상에 존재하게 만드는 사람들이므로, 어떻게 해서든 나름대로 방향을 찾아 나가리라 믿는다. 우리는 이상과 현실 사이에서 항상 어떤 선택을 한다. 끊임없이 바뀌는 현실에서 새로운 좋은 점은 받아들여 배우고 기존의 시스템에서 지켜야 할 부분은 지켜 내야 할 텐데 그러기에 자원과 역량은 항상 턱없이 부족하다. 하지만 부족함에 대해 절망하기보다는 할 수 있는 일을 하고, 이후에는 책과 독자가 스스로 자기 자리를 찾아가도록 믿고 떠나보내고 기도하는 이들이 편집자다. 나는 이런 훈련을 통해 내가 이 일을 하기 전보다 더 나은 사람이 되었다고, 앞으로도 그럴 수 있으리라고 믿는다.

생각해 보면 나야말로 체계적인 교육을 전혀 받지 못했다. 자랑은 아니지만, 편집자가 무슨 일을 하는지 알지 못한 채 출판사에 취업했다. 선배의 번역 일을 돕다가 책을 만드는 일이라면 이 일과 크게 다르지 않으리라 짐작했다. 공부가 재미있기는 하지만 공부와 아르바이트를 병행하는 것은 불행했다. 조금 더 당당하게 안정적으로 돈을 벌면서 공부도 할 수 있는 일이 무얼까 찾아보다가 책 만드는 일을 만난 것이다. 나의 이런 육감,

직관은 정확했다. 당시의 나와 비슷한 고민을 하는 분이 계시다면 확신을 갖고 말씀드릴 수 있다. 이 일을 한 줄로 요약하면 돈 벌며 공부하는 일이다.

내가 처음 입사한 곳은 새물결 출판사로 『천개의 고원』 같은 중요한 현대철학 이론서부터 『사생활의 역사』, 『여성의 역사』 같은 아날학파의 역사책을 연달아 출간해 주목받는 곳이었다. 이곳에서 해외의 권위 있는 저자가 권위 있는 출판사(가령 쇠이유, 주어캄프, 에이나우디 등)에서 출간한 책을 편집했다. 원서의 내용이 워낙 깊고 탄탄했기에 작업 만족도가 높았다. 번역자와 소통하면서 글의 정확성을 높이고 책에 어울리는 도판을 찾아 삽입하는 정도의 작업이 주된 업무였지만, 작은 출판사인 만큼 어깨 너머로(?) 배울 것도 많았다. 해외 출판사의 저작권 담당자들과 막무가내로 직접 소통했던 일도 이후에 어느 대목에서인가 쓸모가 있었다(고 믿고 싶다). 무엇보다 이 시기에 만든 책들은 지금까지도 '내 인생의 책 100권'으로 꼽는 양서다. 다만 원서의 권위가 너무 강력하거나 아예 학술서였던 탓에 편집자의 역할이 제한적인 것이 아쉬워서 2년을 채우지 못하고 이직했다. 아니, 사실 선후배들이 있는 곳, 조금 더 규모와 체계를 갖춘 곳에서 일을 배우고 싶었다.

두 번째 회사는 당시 성안당에서 막 론칭한 황금부엉이라는 종합 단행본 출판사로, 좀더 대중적인 인문교양책을 기획·편집할 수 있는 곳이었다. 그곳에서 경력이 많은 편집장님에게 편집의 과정 전반을 기초부터 다시 배웠다. 인문교양책과 에세이 분야를 넘어 임신·출산에 관한 책, 개 훈련에 관한 책 등 실용책과 경제경영책까지 만들어 본 것도 기억에 남는다. 편집자가 책의 내용과 형식에 생각보다 과감하게 개입할 수 있다는 것이 충격적이었고, 이 경험 덕분에 이후 다른 분야 책을 만들 때도 조금 더 능동적으로 일할 수 있었다. 다만 여러 사정으로 이번에는 1년을 채우지 못한 채 이직했다.

　　2004년 4월 입사한 돌베개에는 2010년 6월까지 만 6년을 다녔다. 배울 것이 많은 존경할 만한 선후배, 동료와 일했다는 것만으로도 행복한 시절이었다. 『소년의 눈물』로 시작된 서경식 선생님과의 인연도 잊을 수 없고, 서경식·김상봉의 대담을 엮은 『만남』은 내 머릿속에 있던 어설픈 아이디어(문제의식)를 그대로 밀어붙여 현실화한 프로젝트라 특히 기억에 남는다. 이 시절에 만든 책은 매년 한두 종 이상이 다양한 매체에서 '올해의 책'으로 선정되거나 TV 프로그램에 소개되었다. 꽤 무겁고 진지한 인문교양책이 1만 부를 훌쩍 넘겨 2만

~3만 부 이상의 판매를 달성하는 모습을 보면서 돌베개라는 신뢰도 높은 브랜드에 힘입어 일하는 것이 얼마나 효율적인지도 깨달았다. 당시 돌베개는 책을 탄탄하게 잘 만들기로 유명했고, 책의 질을 미세하게라도 높일 수 있다면 투자를 아끼지 않는 회사였다. 팀의 구조를 짜고 업무 분장을 합리적으로 하는 것도 모두 이곳에서 배웠다. 이 시기 나의 사수였던 박숙희 선배님에게 깊은 감사의 마음을 갖고 있다.

2010년에는 민음사로 이직해서 인문교양 브랜드 반비를 만들었다. 브랜드 이름부터 로고, 비전, 목표, 구조, 업무 프로세스 등을 모두 한 땀 한 땀 공들여 만들었다. 첫 책인 『철학연습』부터 초기의 여러 책이 좋은 평가를 얻으며 작은 규모이지만 단단하게 자리를 잡아 갔다. 『나는 가해자의 엄마입니다』와 『우리는 어떻게 괴물이 되어가는가』, 『나는 불안과 함께 살아간다』 등 심리학 분야 책, 『메트로폴리스 서울의 탄생』, 『가장 도시적인 삶』 등 공간과 건축에 관한 책, 『멀고도 가까운』, 『걷기의 인문학』 등 리베카 솔닛의 에세이를 포함한 페미니즘 책을 내면서 브랜드의 색깔을 만들어 냈다. 이 시절에도 수많은 동료와 소통하고 협업했던 것이 기억에 남는다. 특히 책의 내용뿐 아니라 만드는 과정에 대한 모든 미세한 이야기를 가감 없이 나눌 수 있었던 후배들이 있어서 행복했다. 최예원, 조은 후배님들이 앞으로 반비를 훨씬 더 매력적인 브랜드로 만들어 가시리라 믿는다.

그간 나는 한 권의 책에 비교적 충분한 시간과 많은 자원을 투입할 수 있는 환경에서 일해 왔다. 이런 방식이 기질이나 습성에도 잘 맞았고 결과도 나쁘지 않았다. 그 사이 출판을 둘러싼 환경이 많이 바뀌어서 이렇게 일하는 방식이 앞으로 얼마나 오랫동안 유효할지는 잘 모르겠다. 하지만 무엇이 바뀌었고 바뀌고 있는지에 대해서도 내가 경험한 대로 기록해 보고자 했다. 주관적이고 개인적인 경험을 정리한 책이지만, 책을 읽는 독자분들이 스스로 참고할 만한 단초를 발견하고 그것을 각자의 방식으로 정교하게 발전시킬 수 있기를 바란다.

이 책을 쓰는 과정에서 크게 도움 받은 분들이 있다. 먼저 집필을 제안해 주신 조성웅 대표님 그리고 원고가 진척되지 않는 상황에서 힘을 불어넣으며 동시에 실질적인 압박을 가하기 위해 한겨레문화센터 강의실까지 찾아와 다 아는 이야기까지 열심히 들어 준 전은재, 사공영 편집자님께 감사한다. 특히 사공영 편집자님은 원고의 취지에 공감하고 격려해 준 것뿐 아니라 욕심 때문에 너무 많은 정보가 엉겨 붙어 있는 부분, 또 진이 빠져 대충 넘어간 부분을 짚어 내어 글이 균형을 잡을 수 있도록 마지막까지 도와주셨다. 빠듯한 일정으로 작업하면서도 어느 과정 하나 빼먹지 않고 꼼꼼하게 챙겨 주신 것이 특히 감동적이었다.

목차를 짜고 샘플 원고를 만드는 것은 쉽게 했지만 퇴사를 하고 쉬고 싶은 마음에 영 집필 진도를 내지 못해 조금은 초조하게 시간을 흘려보냈다. 그 막막한 상태를 돌파하게 해 준 것은 한국출판예비학교 편집자반 16기 몇 분과 함께 한 세미나였다. 김민경, 박경완, 박완희, 유현기, 정민철, 진상원, 하상민, 황수진 님에게 감사드린다. 그동안 함께 일한 편집자 선후배와 동료, 저자들과 나눈 이야기가 이 책의 밑바탕이 되었다. 일일이 이름을 언급할 순 없지만 감사의 마음을 전하고 싶다.

이 책 덕분에 지난 20년간 내가 어떻게 배웠고 일했는지 정리해 볼 수 있었다. 지나치게 열심히 일했던 시기도 있고 소진되어 겨우겨우 버텨 내던 시간도 있었다. 나는 그 시간 전체를 통해 배웠다. 이 일에 우연히 발을 내딛은 이후로 단 한 번도 이 일을 그만두고 싶다고 생각해 본 적이 없다. 일하는 방식이 바뀌더라도 그것은 여전히 이상을 존중하면서 현실에 발을 단단히 내려야 하는 편집자다운 일일 것이다. 그동안 배운 것에 발목 잡히지도 그동안 배운 것을 배반하지도 않으면서, 10년 후에도 어떤 형태로든 좋은 책을 내고 있기를 기도한다.

{ 1 }

사회과학? 사회서라는 분야 이해하기

더 나은 게이트키퍼가 되기 위하여

과연 어떤 사람들이 이 책을 읽을까 여러 차례 생각해 보았다. 아마 책 만드는 과정에 대해 어느 정도 알고 실무 훈련도 어느 정도 마쳐서 본격적인 책임편집자로 일하기 시작한 사람, 자기 분야를 정해서 기획의 비중을 좀 더 높여 보려는 사람이리라. 사회 이슈를 다루는 책에 매료되어 그런 책을 많이 읽고, 읽는 것을 넘어 기획하고 만들고 싶은 사람, 그중에서도 특정 주제에 이미 마음이 기울어 그런 책을 꾸준히 내는 출판사 혹은 브랜드, 팀을 꾸려 보고 싶은 사람도 있을 것이다.

우리는 왜 연구자나 활동가가 되지 않고 편집자가 되었을까? 사회 분야 책을 만드는 편집자가 된다는 것은 무슨 의미일까? '편집자는 책으로 말한다'고 하는데, 책을 통해 어떤 발언을 하고 싶었던 걸까? 혹은 말하는 사람과 듣는 사람, 쓰는 사람과 읽는 사람 사이에서 조심스럽게 사안에 대해 이해해 보고 싶다는 뜻일까?

인문 분야와 사회 분야 책을 비슷하게 많이 만들었고 에세이와 실용책, 경제경영책도 의외로 꽤 만든 나는 어쩌다 『사회과학책 만드는 법』을 쓰게 되었을까. 대학에서도 사회과학이 아닌 인문학을 전공했고 대학원에서는 비평 이론에 중점을 둔 훈련을 받았다. 인문학을 공부한 시간 때문인지 명쾌하게 입증 가능한 주장을 하거나 선명한 입장을 드러내고 설득하는 책보다 복잡하고 다면적인 설명을 하는 책을 선호했다. 양적 방법론의 중요성을 알면서도 독자에게 통계를 읽어 내는 과정보다 결론만 친절하게 전달하는 책을 선호하기도 했다. 그럼에도 나에게 사회 분야 책을 만드는 데 적합한 자질이 하나 있었다면, 그건 어떤 책에서든 공적인 메시지를 찾고 그 메시지를 둘러싼 논의의 지형을 폭넓게 보려는 태도였던 것 같다. 이 태도 덕분에 나름대로 '사회서'라고 주장할 수 있는 책을 꽤 많이 만들었다고 여겨지는 것 같다.

　사회서를 만드는 사람들은 중요한 게이트키퍼다. 넘쳐 나는 사회 이슈 속에서 논의의 지형과 맥락을 살피는 일이 쌓이고 쌓이면, 우리는 시대의 정신이 어떻게 변하고 진보하며 퇴보하는지 예민하게 살피는 사람이 될 것이다. 그래서 새로운 사회의 규범과 기준에 대해서도 계속해서 진지하게 고민하는 사람이 될 것이다. 이것이야말로 좋은 게이트키퍼의 조건이 아닌가. 어떤 말이 더 들려야 하는지, 어떤 말이 누구에게 전달되어야 하는지, 어떤 말이 어떤 맥락에서 전해져야 하는지를, 변화하는 현실을 고려해 판단할 줄 아는 역량 말이다.

　그래서 어떤 이유로든 사회 분야 책을 만들게 된 사람이라면 자신의 문제의식을 세밀하게 가다듬는 동시에 '큰 그림' 그리는 작업을 시작해 보라고 독려하고 싶다. 그 과정에서 때때로(사실 매우 자주) 자신과 상반되는 입장에 귀를 기울이고, 거기서 더 근본적인 쟁점과 더 정밀하게 논의되어야 할 지점을 찾게 될 것이다. 단호한 입장이나 선명한 감정을 드러내는 매체가 난무하는 지금 같은 시대에 한 가지 사안에 대해 다양하고 복합적인 측면을 들여다보도록 독려받는다는 것은 축복이다. 그러니 기꺼이 양질의 게이트키퍼가 되자.

사회과학이라는 분야 혹은 분류

사회서? 사회 분야 책? 사회과학책이란 무엇일까? 내가
『사회과학책 만드는 법』을 쓸 만한 사람인지 오랫동안
고민한 이유를 이제 소상히 밝히겠다.

이 책은 독자와 서점의 분류 기준에 따라 제목이 '사
회과학책 만드는 법'으로 정해졌으나, 사회'과학'Wissen-
shaft이라는 말은 엄밀한 과학적·학문적 규범을 떠올리
게 한다는 점에서 내가 앞으로 이야기할 책을 가리키는
단어로 보기는 어렵다. 사회과학 학술서에 대한 관심으
로 이 책을 집어든 분이 있다면 사죄의 말씀을 전한다.
'대중 학술서'(?)에서도 '대중'보다는 '학술'적이라는 성
격이 중요하기에, 이 책에서는 그런 책도 충분히 다룰
수 없을 듯하다. (그런 책은 앞으로 '학술서 만드는 법'이
기획되어 다뤄지길 기대해 본다.)

한편 사회'과학'이라는 말에서 300년 전 인류의 과
학적 사유에의 의지나 절박함 같은 것이 느껴진다면,
한국에서 '사회과학 출판'이라는 말은 또 다른 강력한
함의를 풍긴다. '사회과학서'는 '사회과학 출판사'와 떨
어뜨려 이해할 수 없는데, 사회과학 출판사의 존재는
1980년대(1970년대 후반부터 1990년대 초반까지)의

특정한 이념, 이론 운동과 연관되어 있으니 말이다. 사회 변혁을 목표로 하는 출판 운동의 한 흐름으로 보아야 할 사회과학서 출판은 이후에도 계속되어 시대의 변화와 긴밀하게 호흡하며 의미 있는 도서 출판을 이어 오고 있다. 이 책에서 주로 다룬 책은 이런 전통을 잇는 사회과학 도서와도 결이 다르다.

도서관에서는 여전히 한국십진분류KDC를 이용한다. 이 분류에 따른 '사회과학' 분야에는 사회과학의 태동기에 본격적인 분과 학문으로 자리 잡은 경제학·사회학·인류학·통계학 외에 법학·정치학·행정학·교육학 등의 분야가 포함되어 있다. 온·오프라인 서점에서 '사회 분야'로 구분하는 책 역시 전통적인 분과 학문의 체계를 어느 정도는 따르지만 독자의 편의를 고려해 페미니즘이나 노동·환경 문제 등의 주제를 포함한다.●

내가 이 책을 쓰며 염두에 둔 책들은 앞서 말한 전통적인 사회과학 도서와는 결이 조금 다르다. 굳이 특징을 꼽자면 사회 문제와 사건, 이슈, 어젠다, 쟁점 등을 다루는 책이며, 간단하게는 '사회적인 메시지를 담고 드러내

● '큐레이션'에 관한 관심이 높아지면서 오프라인 서점에서는 이미 오래전부터 주제별로 책을 선정해 진열·소개하고 아예 특정 주제의 책만 판매하기도 한다. 공간의 한계로 인한 선택일 수도 있으나, 독자의 기준에 더 가까운 방식이라는 것은 틀림없는 사실이다. 최근에 많이 생겨나고 있는 온라인 기반의 책 추천 서비스도 주제·이슈별 큐레이션을 잘 활용하고 있다.

는 책'이라고 말할 수 있다. 논픽션이라는 것 외에 이런 책을 하나로 묶을 적절한 정의나 틀은 없으며, 이런 이유로 '사회과학책' 대신 '사회서'와 '사회 분야 책'이라는 말을 함께 사용했다. 다음 장에서 구체적인 사례와 함께 살펴보겠지만 최근에는 에세이, 실용책, 심지어 소설에도 사회적인 메시지를 또렷하게 담으려는 경향이 있다. 기획·편집자의 입장에서 에세이나 실용책을 자신의 분야가 아니라고 제외할 이유는 없다. 오히려 적극적으로 살피고 포함시켜야 한다. 아마 앞으로는 분과 학문 위주의 분류보다 주제별(키워드별) 분류가 더 폭넓게 활용될 것이며, 이런 경향성 위에서 나는 기획이란 결국 어떤 커다란 지도를 그리고 그 사이의 세부 경계선을 채워가는 일이라고 말하려고 한다. 그리고 이 지도를 그리는 감각은 편집자 개인의 사회적 관점과 아주 밀접하다.

논의의 지형 지도

사회서 편집자에게 이런 지도가 없으면 기획은 물론, 편집과 홍보도 하기 어렵다. 이게 내가 이 장에서 하려는 이야기의 한 줄 요약이다. 사회서 편집자는 가장 먼저 사회 이슈와 그것을 둘러싼 논의의 지형이 표시된 지도를 준비해야 한다. 누구에게 얻은 것이 아니라 자기 손과 발, 머리와 가슴으로 직접 그린 것, 책에서 베낀 지도가 아니라 나와 우리의 삶이 담긴 지도여야 한다. 나는 기획·편집자에게 필요한 기본적인 소양이란 바로 이런 지도를 그릴 수 있는 호기와 그것을 계속 수정하고 더 세세하게 보충해 나갈 수 있는 성실함이라고 생각한다. (이렇게 지도에 시간이 쌓여 역사적인 층위가 결합되면 결국 이걸 3D로 완성할 날이 올 수도 있지 않을까.)

지도는 몇 개의 기준점에서 시작해 확장되고 연결된다. 큰 기준점, 즉 각자 특별히 관심을 기울이는 몇 가지 주제(혹은 장소, 이슈, 문제의식)를 둘러싼 지형의 묘사는 다른 것보다 훨씬 구체적이고 입체적일 것이다. 이미 많은 인문·사회책 편집자가 이런 기준점과 키워드를 갖고 있을 것이다. 그러니 자신이 어쩌다가 이런 책을 만들게(기획하게) 되었는지, 헷갈릴 때는 어떤 키워드·주제와 함께 그 일이 시작되었는지 항상 그 지도로 돌아가 확인해야 한다.

사회 이슈는 전 세계적 이슈더라도 지역적 맥락을 고려해서 볼 수밖에 없다. 지금의 한국 사회와 연결해 보아야 한다는 말이다. 우리 사회의 (역사적) 맥락을 고려하지 않고 쓰인 책은 한국 독자에게 큰 호응을 얻기

힘들다. 특히 한국의 독자는 이런 '지역성'(로컬리티)의 감각을 중요하게 여긴다. 좋고 나쁘고를 떠나서 한국의 독서 시장에서는 꽤 뚜렷하게 보이는 경향이다. 따라서 아무리 보편적인 주제라도 편집자는 그 이슈를 동시대 한국인의 문제의식과 연결시켜 볼 수 있어야 한다.

이런 식으로 '로컬리티'를 살려 나가다 보면 결국 지도의 중심에는 나의 경험 혹은 내가 가까이서 관심을 갖고 면밀히 관찰했던 경험이 놓인다는 사실을 발견하게 될 것이다. 모든 이슈와 담론은 결국 우리 경험을 중심으로 재조직될 수밖에 없다. 사회 분야 책은 갈수록 개인의 경험을 이전보다 더 많이, 더 드러내 놓고 다루는 경향을 띤다. 이런 경향이 가져올 수 있는 문제에 대해서는 또 그것대로 생각을 해 보아야겠지만, 경험을 소중히 여기는 태도는 기획에서 매우 중요하다. 지도는 이렇게 내 경험과 관심, 그리고 전체 지형 사이에서 균형을 잡아야 그릴 수 있다. 편집자의 공부란 대체로 이런 과정으로 이루어지는 것이 아닐까.

오늘날 사건과 이슈를 가장 먼저 독자에게 전하는 매체는 뉴스다(물론 요즘은 단언하기 어렵지만). 어떤 사건이 있고, 사건이 놓인 배경이 있을 때, 이것을 빨리 친절하게 정리해서 제공하는 것을 넓은 의미의 저널리즘이라고 하자. 그리고 그보다 한참 느리지만 더 복합적이고 근본적으로 사건의 의미와 맥락을 해석하고 분석하는 언어가 있다. 이런 언어는 아마 연구자들이 만들 것이다. (사회 분야 연구자뿐 아니라 인문학 분야 연구자도 이 작업에 참여한다. 이 책에서 언급한 책들을 사회과학책 보다 인문·사회책으로 지칭하고 싶었던 또 다른 이유가 이것이다. 사회적인 이슈를 깊이 이해하려면 인문학적 개입을 생략할 수 없다.) 즉 지도를 그리는 작업의 양분은 저널리즘과 아카데미 양쪽 모두에서 나온다. 최근 사회 분야의 책이 학계와 저널리즘에서 점차 멀어지고 있다고 해도, 사회서 편집자의 기초 체력은 이 두 분야의 공부에서 쌓인다.

지도의 핵심은 #질문 #키워드

구체적인 방법으로 들어가 보자. 지금 전 세계가 주목하는 이슈는 무엇인가? 시급한 어젠다는 무엇인가? 이런 물음에서 지도에 쓰일 주제와 키워드를 뽑아낼 수 있다. 정답이 아니라 질문을 구성하는 단어들을 키워드로 삼아야 한다는 것이 핵심이다.

사례를 들지 않고는 설명하기 어려운 일이라, 부끄

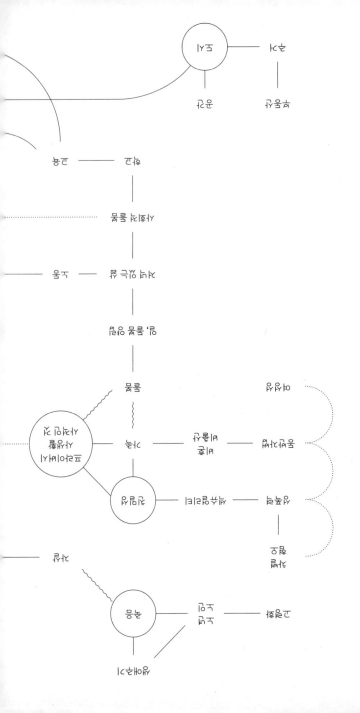

상징 .... 행동경제학

원형 뇌과학 ——— 진화생물학 전환
심리학

불안 ——— 뇌건강 지구 인류세
우울

발달장애 동물 ——— 생태 ——— 기후위기
지구가열
탄소배출

포스트휴먼 채식 ESG
트랜스휴먼 그린워시

인공지능 ——— 테크놀로지 ——— 빅데이터 ——— 가짜 뉴스

로보타이징 매체 변화

일의 미래 리터러시 밀레니얼
젠지

사회적 경제 .... 도서관 ——— 종이책 세대
(대안 경제) 불평등

로컬 인문학 ——— 고전 능력주의

고등교육

에듀테크

럽지만 내가 그린 지도를 공개한다. 단행본 기획에 관한 강의를 할 때 이 지도에서부터 이야기를 시작하면 대체로 강의 참여도가 높다. 아마도 모두 이 허술한 지도를 보고 자기 방식으로 업데이트 내지 재구성하고 싶은 욕구를 느끼기 때문일 것이다. 지금 이 책을 읽고 계신 분들도 각자 펜을 꺼내 자기 방식의 지도를 그려 보시기 바란다.

지도는 단순화해서 축소할 수도 있고 세밀화해서 확대할 수도 있다. 키워드가 얼마나 많고 어디까지 확장되는지는 중요하지 않다. 각 단어가 얼마나 생생하며(기획자나 독자의 경험과 얼마나 가깝게 연결되어 있으며), 얼마나 유기적으로 연결되어 있는지가 중요하다.

이 지도는 신간 기획부터 출간 후 홍보 단계까지 계속해서 활용할 수 있는 실용적 도구다. 가령 편집자가 기획안을 쓸 때 가장 중요한 부분 중 하나가 참고·유사·경쟁 도서를 설정하는 것인데 그때도 이런 키워드 중심의 사고가 유용하다. 주제와 문제의식을 기준으로 생각하면 분야를 넘나드는 목록을 추릴 수 있고, 이는 실질적 독자를 설정하는 데 도움이 된다. 앞서 언급했듯 지식의 생산과 관리에 초점을 둔 분류나 분과 학문의 기준에 맞춘 분류는 기획·편집자의 입장에서는 점차 활용도가 떨어질 것이다. 독자가 그 분류 안에서 구획되어 존재하지 않기 때문이다. 독자 역시 문제의식이나 키워드 중심으로 책을 찾는다. 키워드 중심으로 기획을 해야 그 키워드에 관심 있는 독자가 따라온다. 브랜드의 색깔과 방향을 이해하는 숙련된 독자를 확보하는 것이 브랜딩의 가장 중요한 부분이라고 생각한다면, 이런 도구가 홍보에도 얼마나 도움이 될지 상상하기 어렵지 않을 것이다.●

기획은 그동안 내가 흥미롭게 읽은 책을 몇 가지 키워드를 기준으로 분류해 보는 데서 시작할 수도 있다. 이 방법은 이어지는 2장에서 살펴보자.

● 몇 년 전 반비에서 책 홍보를 위해 '반비 책 꾸러미'라는 뉴스레터를 기획해 발행한 적이 있다. 신간을 출간할 때 담당 편집자가 그 책과 함께 읽으면 좋을 다양한 분야와 형태의 책을 소개하는 큐레이션 뉴스레터였고 다른 출판사의 책을 구입해 경품으로 증정하기도 했다. 담당 편집자의 열정과 일부 독자들의 열화와 같은 성원에도 불구하고 시대를 앞서간 이 비운의 서비스는 실질적인 판매 효과를 측정하기 어렵다는 평가와 함께 막을 내렸다. 최근 몇 년 사이 뉴스레터를 통한 도서 홍보가 다시 조명을 받으면서 이 기획은 '책타래'라는 뉴스레터로 재탄생했고, 반응이 나쁘지 않다고 한다. 이번에는 장수하는 서비스가 되기를 기원한다.

좋은 기획물의 기준을 찾고 기획 경로 그려 보기

국내 사회서를 기준으로 '좋은 기획물'이란 무엇일까?

① 우리 사회의 중요한 이슈를 찾아 제대로 소개하는 책? → 사건이나 현상에 관한 책

② 진행되고 있는 사회적 논의에 적절히 개입하는 책? → 한 발 더 나아가 좋은 질문을 던지는 책

③ 탄탄한 대중 학술서?

④ 양질의 정보를 흥미롭게 재구성하고 편집한 대중적인 교양물? → 쉽고 재미있고 가독성이 좋은 책

⑤ 새로운 저자나 문체, 형식 등을 발굴해 소개하는 신선한 책?

⑥ 독자의 니즈를 정교하게 분석해 만들어 낸 상품?

이런 특성 중 한 가지 이상을 성취한 책을 좋은 기획물이라 할 수 있을 것 같다.

다음은 2008년부터 2018년까지, 약 10년간 서점과 언론에서 올해의 책으로 꼽은 논픽션 도서의 목록을 다소 주관적인 기준에 따라 추린 것이다. 2019년 이후 출간된 도서는 뒤에서 다룰 것이라 제외했다. 판매량이나 선정 횟수 같은 객관적 지표를 고려하지 않은 목록이며, 각각의 책이 앞서 제시한 '좋은 기획물'의 어떤 특성에 부합하는지 나름대로 살펴보았다.

『88만원 세대』(우석훈·박권일 지음, 레디앙, 2007)
→ ①⑤ [블로그체의 사회과학책, 대중적인 사회과학책]
『왜 세계의 절반은 굶주리는가?』(장 지글러 지음,
유영미 옮김, 갈라파고스, 2007) → ④
『서울은 깊다』(전우용 지음, 돌베개, 2008) → ④ [역사책]
『나쁜 사마리아인들』(장하준 지음, 이순희 옮김, 부키,
2007) → ③ [경제경영책]
『악령이 출몰하던 조선의 바다』(박천홍 지음, 현실문화,
2008) → ③ [역사책]

『아웃라이어』(말콤 글래드웰 지음, 노정태 옮김, 김영사, 2009) → ⑤⑥ [경제경영책]

『정의란 무엇인가』(마이클 샌델 지음, 이창신 옮김, 김영사, 2010) → ④

『이것은 왜 청춘이 아니란 말인가』(엄기호 지음, 푸른숲, 2010) → ②

『닥치고 정치』(김어준 지음, 지승호 엮음, 푸른숲, 2011) → ⑤ [저자, 팟캐스트, 팬덤]

『책은 도끼다』(박웅현 지음, 북하우스, 2011) → ④⑥

『욕망해도 괜찮아』(김두식 지음, 창비, 2012) → ④ [저자, 글쓰기]

『대한민국 부모』(이승욱·신희경·김은산 지음, 문학동네, 2012) → ①②

『피로사회』(한병철 지음, 김태환 옮김, 문학과지성사, 2012) → ②③

『강신주의 감정수업』(강신주 지음, 민음사, 2013) → ④⑥ [저자]

『세상물정의 사회학』(노명우 지음, 사계절, 2013) → ②④

『아이와 함께 자라는 부모』(서천석 지음, 창비, 2013) /
『서천석의 마음 읽는 시간』(서천석 지음, 김영사, 2013) → ⑤ [양육서의 교양서화], ⑥

『아파트 게임』(박해천 지음, 휴머니스트, 2013) → ②⑤

[새로운 방법론, 새로운 글쓰기, 새로운 관점/입장]

『21세기 자본』(토마 피케티 지음, 장경덕 옮김, 글항아리, 2014) → ②③

『시골빵집에서 자본론을 굽다』(와타나베 이타루 지음, 정문주 옮김, 더숲, 2014) → ②④

『단속사회』(엄기호 지음, 창비, 2014) → ②

『바른 마음』(조너선 하이트 지음, 왕수민 옮김, 웅진지식하우스, 2014) → ③

『장하준의 경제학 강의』(장하준 지음, 김희정 옮김, 부키, 2014) → ③④ [저자]

『나의 한국 현대사』(유시민 지음, 돌베개, 2014) → ④ [저자, 팬덤]

『지적자본론』(마스다 무네아키 지음, 이정환 옮김, 민음사, 2015) → ②④

『지적인 대화를 위한 넓고 얕은 지식』(채사장 지음, 웨일북, 2015) → ④⑥ [팟캐스트]

『담론』(신영복 지음, 돌베개, 2015) → ④ [저자 + α]

『사람, 장소, 환대』(김현경 지음, 문학과지성사, 2015) → ③

『개인주의자 선언』(문유석 지음, 문학동네, 2015) → ⑤ [글쓰기]

『어떻게 죽을 것인가』(아툴 가완디 지음, 김희정 옮김, 부키, 2015) → ②

『메트로폴리스 서울의 탄생』(임동근·김종배 지음, 반비, 2015) → ③④

『미움 받을 용기』(기시로 이치로 외 지음, 전경아 옮김, 인플루엔셜, 2014) → ⑤⑥ [마케팅]

『금요일엔 돌아오렴』(416 세월호 참사 시민기록위원회 작가기록단 지음, 창비, 2015) / 『세월호, 그날의 기록』(진실의 힘 세월호 기록팀 지음, 진실의힘, 2016) → ①

『지리의 힘』(팀 마샬 지음, 김미선 옮김, 사이, 2016) → ④

『우리는 모두 페미니스트가 되어야 합니다』(치마만다 응고지 아디치에 지음, 김명남 옮김, 창비, 2016) → ①④

『나는 가해자의 엄마입니다』(수 클리볼드 지음, 홍한별 옮김, 반비, 2016) → ②

『가만한 당신』(최윤필 지음, 마음산책, 2016) → ⑤ [글쓰기]

『숨결이 바람 될 때』(폴 칼라니티 지음, 이종인 옮김, 흐름출판, 2016) → ②

『설민석의 조선왕조실록』(설민석 지음, 세계사, 2016) → ④⑥ [저자, 방송]

『난생 처음 공부하는 미술 이야기』(양정무 지음,

사회평론, 2016) → ④ [마케팅]

『로봇의 부상』(마틴 포드 지음, 이창희 옮김, 세종서적,
2016) → ①④

『클라우스 슈밥의 제4차 산업혁명』(클라우스 슈밥
지음, 송경진 옮김, 메가스터디북스, 2016) → ①⑥

『자존감 수업』(윤홍균 지음, 심플라이프, 2016)
→ ⑥ [마케팅]

『아픔이 길이 되려면』(김승섭 지음, 동아시아, 2017)
→ ②⑤

『라틴어 수업』(한동일 지음, 흐름출판, 2017) → ④⑤

『힐빌리의 노래』(J. D. 밴스 지음, 김보람 옮김, 흐름출판,
2017) → ②

『랩 걸』(호프 자런 지음, 김희정 옮김, 알마, 2017)
→ ②⑤ [여성 과학자]

『남자들은 자꾸 나를 가르치려 든다』(리베카 솔닛
지음, 김명남 옮김, 창비, 2015) → ①⑤

『나쁜 페미니스트』(록산 게이 지음, 노지양 옮김, 사이행성,
2016) / 『헝거』(록산 게이 지음, 노지양 옮김, 사이행성, 2018)
→ ②③

『아날로그의 반격』(데이비드 색스 지음, 박상현 옮김,
어크로스, 2017) → ② [경제경영]

『대량살상 수학무기』(캐시 오닐 지음, 김정혜 옮김,

흐름출판, 2017) → ① ②

『사피엔스』(유발 하라리 지음, 조현욱 옮김, 김영사, 2015)

/『호모 데우스』(유발 하라리 지음, 김명주 옮김, 김영사,

2017) → ④ ⑤

『역사의 역사』(유시민 지음, 돌베개, 2018) → ④ ⑥

『어디서 살 것인가』(유현준 지음, 을유문화사, 2018)

→ ④ ⑥ [방송, 팬덤, 셀럽, 마케팅]

『죽고 싶지만 떡볶이는 먹고 싶어』(백세희 지음, 흔,

2018) → ⑤ ⑥

『어른이 되면』(장혜영 지음, 우드스톡, 2018) → ② ⑤

『이상한 정상가족』(김희경 지음, 동아시아, 2017) → ②

『말이 칼이 될 때』(홍성수 지음, 어크로스, 2018) → ④

『실격당한 자들을 위한 변론』(김원영 지음, 사계절, 2018)

→ ②

매우 임의적이고 주관적인 분류임을 다시 한 번 밝
힌다(나도 할 때마다 바뀐다). 각자 '좋은 기획물'의 특
성 몇 가지를 생각하고 특정 시기에 출간된 책 목록을
(주관적으로) 추려서 어떤 경우가 가장 많고 가장 적은
지, 내가 선호하는 책은 어떤 경우로 분류되는지 확인해

보자. 분류하기가 모호하기도 하고, 내가 언급한 범주에 포함되지 않은 다른 장점과 미덕을 가진 기획물도 많이 보일 것이다. 좋은 기획물이 무엇인지에 관한 기준은 사람마다 다르다. 각자 자신의 기준을 스스로 꼽아 보기 바란다.

이슈와 책

더 최근의 사례인 2019년 이후의 책은 실제 이슈와 연관해 살펴보자. 위의 사례를 봐도 알 수 있듯이 사회 분야의 가장 대표적인 책은 지금 우리 사회에서 이슈가 되고 있는 사안을 발 빠르게 소개하는 단행본이다(위의 분류에 따르면 ①, ② 중에서도 특히 ①에 해당하는 책). 페미니즘 관련 책이 최근 몇 년간 가장 활발하게 이런 역할을 해 왔다는 사실은 아무도 부인할 수 없을 것이다. 6~7년 전만 해도 일반 독자에게 알려진 페미니즘 저자는 정희진밖에 없었는데 여성학 연구자들뿐 아니라 다양한 배경의 국내 저자들이 탄탄한 책을 펴내고 있고, 봄알람 출판사 등 신진 출판사의 대중적이고도 획기적인 기획물 역시 계속해서 독자의 선택을 받고 있다. 좋은 외서도 계속 소개되고 있고 주제도 다변화하는 중이다. 하지만 여기서는 가장 많은 독자를 확보하거나 학술적인 성과가 높은 책보다는 『강남역 10번 출구, 1004개의 포스트잇: 어떤 애도와 싸움의 기록』에 대해 이야기해 보고 싶다(부제가 너무 좋아서 다 적어 보았다). 강남역 여성 살인 사건 당시에 현장에 모인 포스트잇 메모를 잘 담아내 빠르게 출간한 책인데, 저널리즘과 협력하고 꼼꼼한 편집을 더해 아카이빙이라는 새로운 사회서 형식의 가능성을 제시한 책으로 기억에 남아 있다. 무엇보다 저널리즘과 협업하는 와중에도 단행본으로서의 차별성을 충분히 드러냈다는 점에서 주목할 만한 사례라고 생각한다. 뒤에 언급할, 다른 매체의 콘텐츠를 책으로 잘 바꾸어 낸 경우들과도 연관 지어 생각해 볼 수 있다.

2020년 최대 이슈인 COVID-19(이하 코로나19)에 관한 책도 쏟아져 나오고 있다. 2020년 11월에 국립중앙도서관에서 '코로나', '코비드-19'를 검색하니 380건 이상의 단행본이 나오고, 온라인 서점에서도 350종 정도가 보인다. 온라인 서점에서 분야를 '사회과학'으로 좁히면 60종 정도의 책이 검색되는데 몇 가지만 언급해 보면 『코로나 이후의 세계』, 『코로나 사피엔스』, 『오늘부터의 세계』, 『코로나 시대의 페미니즘』, 『마스크가 말

해주는 것들』, 『팬데믹 패닉』 등이다. 이중 다수는 다양한 분야에서 다양한 관점을 지닌 저자의 예측이나 질문을 묶어 낸 저널리즘 성격이 짙다. 또 한 가지 특이한 것은 교육 분야의 책이 유난히 많다는 사실이다. 『코로나 시대의 교육』, 『소환된 미래교육』, 『코로나로 아이들이 잃은 것들』, 『코로나 시대, 학교의 재탄생』, 『교사가 진짜 궁금해하는 온라인 수업』 등 판매량으로 보아도 코로나 관련 책 중 상위권에 교육 관련 도서가 상당수 랭크되어 있다. 사회 분야에서 교육·양육과 관련된 이슈가 중요한 위치를 차지하게 된 경향과 연결해서 생각해 볼 만한 지점이다.● 또 이와 관련해 몇 년간 이어져 온 흐름이기는 하지만 환경 분야의 대중적인 기획물이 많았던 것도 언급하고 싶다. 『나는 풍요로웠고, 지구는 달라졌다』, 『두 번째 지구는 없다』 같은 책이 그 예다. 이후에는 어떤 책이 기획될지, 어떤 책이 필요할지 생각해 보는 것도 필요하겠다.

　지금은 기억이 희미하겠지만 코로나19 유행 이전인 2019년에도 한국 사회는 너무나 큰 이슈들이 한꺼번

● 교육·양육에 관한 책이 인문·사회 분야에서 중요해진 것은 양육자와 교육자가 주요 독자층이기 때문에 가능했던 경향이지만, 이제는 거기에 머무르지 않고 더 보편적인 독자들의 관심과 만나고 있다. 『공부머리 독서법』의 독자들이 만들어 낸 시장은 『아홉 살 독서 수업』에만 머물지 않고 『어린이라는 세계』로 확장되었다.

에 휘몰아쳐 현기증이 날 지경이었다. 그중 가장 뜨거웠던 이슈는 전 법무부장관의 자녀가 불공정하게 쌓아 올린 '스펙'을 입시에 이용했다는 의혹과 관련된 것이었다. 이 사건(?)은 실제 입시 과정에서의 불법성 여부와 별개로 상류층이 계층 격차를 고정시키기 위해 교육과 입시에서 어떤 무궁무진한 방법을 활용하는지 널리 알려지는 계기가 되기도 했다. 특히 민주화와 평등의 가치를 옹호해 온 소위 '586세대'의 상당수가 별다른 문제의식을 느끼지 못하고 이런 흐름에 편승해 왔다는(혹은 그것을 주도해 왔다는) 측면에서 '세대' 이슈로 논의되기도 했다. 이들이 고도성장기의 수혜를 누리며 성취한 좋은 학력과 경력을 활용해 저성장기를 살아가야 할 자신의 자녀에게 사적인 안전망을 보장해 주려고 애쓰는 모습은 기묘하면서도 인상적이었고, 그런 노력이 설령 합법적인 관행의 테두리에 있을지언정 '기회의 평등'에 대해 진지하게 되돌아볼 수밖에 없는 계기가 되었다. 이렇게 중언부언한 이유는, 이슈의 특성을 조금 더 설명해야 할 필요를 느꼈기 때문이다. 2020년 하반기에 소위 조국 '백서'(『검찰개혁과 촛불 시민』)와 '흑서'(『한 번도 경험해 보지 못한 나라』)가 발간되기 전까지는 직접적으로 사건의 전말이나 전후 관계를 알려 주는 책은 없었다. 오히려 이 이슈를 한 발 더 들어가 살펴보는 책이 대부분이었다. 『불평등의 세대』처럼 세대 문제를 다룬 책이 이 이슈와 관련해 (더) 읽히게 되었다고 할 수도 있다(한국의 근현대사 맥락에서 이슈를 더 깊이 해석할 수 있는 관점과 언어를 제공했다는 점에서도 좋은 대중 학술서의 사례로 꼽을 만하다). 『세습 중산층 사회』, 『엘리트 독식 사회』도 같은 맥락에서 기획되고 읽힌 책이다. 한편 리처드 리브스의 『20 VS 80의 사회: 상위 20퍼센트는 어떻게 불평등을 유지하는가』는 이런 현상이 한국 사회만의 문제가 아니라는 점을 암시해 언론에 크게 소개되고 서점에서도 눈에 띄는 자리를 차지했다. 기획 자체는 이 이슈와 무관했지만, 이 이슈로 인해 많이 읽힌 경우이다. 모호한 이상주의로 무장한 선량한 차별주의를 넘어 구체적이고 엄밀한 실천을 통해 적극적 평등주의로 가는 길을 제시한 『선량한 차별주의자』가 2019년 인문·사회 도서 중 가장 다수의 매체에서 '올해의 책'으로 선정된 데에도 이런 사회 분위기가 일조했을 것이다.●

● 이 책 집필을 2019년 말에 시작했는데, 이 중 1~2장은 가장 먼저 쓴 꼭지라 출간 전까지 계속해서 업데이트를 해야 하는 문제가 발생했다. 여러 번에 걸쳐 업데이트했지만 지금은 대중의 관심이 많이 사그라든 2019년의 경향에 대해 언급한 부분이나 이후로도 계속 추가되고 있는 2020~2021년의 트렌드를 다 담지 못한 것이 마음에 걸린다. 하지만 기록의 원형이 사라질 정도로 끝없이 다시 쓸 수는 없는 일이어서 이쯤에서 멈춰야 할 것 같다. 2021년 이후의 출간물에 대해서는 각자 분석해 보아도 좋겠다.

밀레니얼 세대에 대한 관심도 언급해야 할 것 같다. 『90년생이 온다』는 (사회 분야 책으로 한정할 수는 없지만) 대통령이 읽은 책으로 입소문을 타며 관심을 끌었다. 밀레니얼 세대가 드디어 산업 현장으로 유입되고 소비력을 갖춘 경제 인구로 편입되기 시작하면서 이들의 사고와 감정과 습속을 이해해 보고자 하는 책들(다수는 경제·경영서)이 출간되었고, 기술이나 매체의 변화를 다루는 책 중에서도 이 새로운 세대를 조명하는 책이 많았다. 『포노 사피엔스: 스마트폰이 낳은 신인류』는 기술의 변화와 그로 인한 사회적 변화를 밀레니얼 세대의 습속과 연결해 설명함으로써 밀레니얼과 기술 이슈와 노동의 미래를 연결시켰다.

'기술 변화'에 대한 도서 역시 페미니즘 분야의 책과 함께 최근 몇 년간 중요한 이슈를 많이 제기해 왔다. 2019년에 다수의 매체에서 '올해의 책'으로 꼽힌 『팩트풀니스』도 새로운 변화에 관한 우호적 태도와 데이터 및 팩트의 중요성에 대한 강조를 동시에 설득해 낸 책이라 할 수 있다. 『포노 사피엔스』와는 정반대의 입장에 서

2019년의 이런 흐름은 '능력주의'와 '불평등'에 관한 책이 계속 출간되며 2021년인 지금까지도 이어지고 있다. '능력주의'라는 개념을 처음 도입한 사회학의 고전 마이클 영의 『능력주의』가 드디어 번역·출간된 것을 비롯해 『능력주의와 불평등』, 『능력주의는 허구다』, 『신분 피라미드 사회』 등이 출간되었고 마이클 샌델의 『공정하다는 착각』이 출간되어 베스트셀러에 오르면서 『정의란 무엇인가』도 다시 새로운 맥락에서 읽히고 있다.

있는 듯하지만 결국은 같은 변화에 대해 말하는 『멈추지 못하는 사람들』, 『생각을 빼앗긴 세계』, 나아가 『다시, 책으로』 등의 책도 독자에게 좋은 반응을 얻었다. 2020년에는 『유튜브는 책을 집어삼킬 것인가』가 이런 책에 이어 좋은 질문을 던져 주었다.

이슈를 잘 포착한 책 중 몇몇은 때로 조금 늦었지만 더 깊은 언어를 만들어 내며 공적인 담론의 지형에서 특별한 위치를 차지했다. 책은 저널리즘보다 느리지만 저널리즘보다 깊어야 한다는 고전적인 기대를 충족시켜 주는 기획물이었다. 또 저자가 오랫동안 연구해 온 주제를 꼼꼼하고 엄밀한 한 권의 책으로 묶어 낸 대중 학술서가 타이밍을 잘 만나면 정말로 오랫동안 살아남는 '빅북'이 될 수도 있다는 희망적인 사실도 상기시켰다.

친절한 지식 교양 편집물·정교하게 기획된 상품· 새로운 트렌드

교양 편집물(④번 항목)은 『지적 대화를 위한 넓고 얕은 지식』이나 오래전의 『지식 e』 같은 책이 그랬듯이 대체로 다른 매체에서 독자 니즈가 검증된 콘텐츠인 경우가 많다. 아무래도 방송 같은 매체는, 지식과 교양을 다룰 때 훨씬 더 친절한 설명을 붙일 수 있으면서 흥미도 끌 수 있는 요소를 채택하기 때문이리라. 그러니 이런 기획물은 다양한 매체와 플랫폼의 흥망성쇠와 그 안에서 지식과 교양을 다루는 새로운 프로그램의 귀추를 잘 살피는 것으로 실현시킬 수 있을 것이다. 다른 매체와 어떻게 협력할 수 있을까 하는 고민이 바탕이 되리라고 생각한다. 새로운 형식이나 저자·글쓰기·문체를 선보이는 기획물(⑤번), 독자의 니즈를 잘 살펴 만들어 낸 상품(⑥번)에 대해서도 내가 '팁'을 언급할 경지에 있지는 않지만, 트렌드와 관련해서 언급하고 싶은 것은 이런 것이다.

독자 니즈와 관련해서, 출판 시장에서 25~45 여성이 핵심 독자로 확고부동한 자리를 차지하면서, 이들이 관심을 갖는 주제에 대한 개발이 부지런히 이루어졌다. 이를테면 실용책과 에세이지만 오히려 페미니즘적인 문제의식을 잘 담아낸 책도 이런 독자층의 성장과 연관 있다고 보아야 할 것이다. 닭이 먼저인지 달걀이 먼저인지는 모르겠다. 몇 년 전 출간된 김혼비의 에세이 『우아하고 호쾌한 여자 축구』는 작가의 독보적인 글쓰기로 관심 받은 책이지만, 이 주제에 관한 30~40대 여성의 호응을 충분히 이끌어 내며 이후 『마녀체력』이나

『여자는 체력』 같은 책으로 독서의 흐름이 이어질 수 있도록 '시장'을 만들어 냈다고 볼 수도 있다. 최근 몇 년간 여성의 다양한 경험을 사회적인 문제의식과 엮어 내는 에세이 중 좋은 기획이 매우 많았고, 2019~2020년에는 『여자 둘이 살고 있습니다』나 『두 명의 애인과 삽니다』 같은 친밀성이나 가족 구성에 관한 에세이, 에세이보다는 회고록이나 증언에 가깝지만 『배움의 발견』, 『김지은입니다』 같은 책이 그 깊이와 폭을 넓혔다. 여기에 『이상하고 자유로운 할머니가 되고 싶어』 같은 책이나 박막례 할머니의 책도 포함시키지 못할 이유가 있을까. 또 기술 이슈와 페미니즘, 환경 이슈와 페미니즘 등 여러 굵직한 이슈와 주제를 연결시키는 책도 이런 관점에서 생각해 볼 수 있을 것이다.

책이 되는 기획과 좋은 기획자의 조건

그래서 과연 이런 책을 어떻게 기획할 수 있을까? 이 책을 읽고 있다면 이것이 가장 궁금할 텐데, 나도 마찬가지다. 그러니(?) 결론으로 가기 전에 기획이 어떤 경로로 이루어지는지 한 번 더 돌아가서 살펴보자.

먼저 대부분의 경우가 2차 기획이라는 사실부터 언

급한다. 이른바 B2B로 이루어지는 기획은 언론사·포털·학교·기관·단체·사기업 등에서 들어오는 제안을 잘 검토한 후 거절하거나 수락하는 데서 시작한다. 이미 회사 차원에서 전임자나 상급자가 개발하던 기획도 많다. 각종 네트워크를 통해서 들어오는 제안, 가령 저자나 역자가 제안하는 타이틀도 경우에 따라 2차 기획에 포함시킬 수 있다.

다음으로 다른 매체와 채널에서 만들어진 콘텐츠를 재가공하는 경우가 있다. 전통적으로는 신문과 잡지의 특집 기사나 연재 기사·방송 프로그램·영화·강연에서부터 이제는 유튜브·팟캐스트·오디오클립·SNS·블로그에 이르기까지 다양한 매체를 참고하게 된다. 콘텐츠가 텍스트로 이루어진 경우에는 그나마 조금 나을 수 있지만, 매체의 경계를 넘는 이런 콘텐츠의 재가공은 예상보다 훨씬 더 까다롭고 품이 많이 든다. 이걸 왜 2차 기획으로 분류하나 의아할 정도(일 것이)다. 그런데 나는 오히려 어떤 2차 기획도 1차 기획과 마찬가지로 어렵고 난감하고 품이 많이 드는 일이라는 쪽으로 인식을 바꿀 필요가 있다고 생각한다. 2차 기획이 1차 기획보다 쉬우리라는 편견은 그야말로 편견일 뿐이다. 아예 처음부터 새로 시작한다고 각오하는 게 나을 때가 많다. 말이나 영상을 문자나 활자로 변환해 내는 것 자체가 새로 쓰는 것만큼의 품이 들 뿐 아니라, 콘셉트부터 예상 독자층 상정까지 기획의 모든 부분이 조정되어야 한다. 책으로 된 콘텐츠를 영화나 드라마로 만들 경우, 새로운 작가들이 새롭게 작품을 써내려 가는 것은 당연한 일이다. 그런데도 출판계에서는 2차 기획을 너무 쉽게 생각하는 경향이 있다. 나 역시 이런 편견에서 자유롭지 않았다. 원고 수급이 조금 쉽지 않을까 하는 기대로 팟캐스트 콘텐츠를 책으로 만드는 시도를 한 적이 있다(「시사통 김종배입니다」와의 협업으로 『메트로폴리스 서울의 탄생』, 『사회를 구하는 경제학』, 『섬을 탈출하는 방법』 등의 책을 펴냈는데 이때 계약하고 방송된 콘텐츠 중에 아직도 정리가 끝나지 않아 출간하지 못한 책이 몇 권 더 있다). 다른 매체의 콘텐츠를 재가공하는 기획은 기획의 독창성이나 의미를 높이 사서 해야 할 일이지, 일의 품을 줄이기 위해 해서는 안 되는 선택이다.

본격적인 1차 기획은 통상 저자의 후속작을 기획하기 위해 저자를 두고 아이템을 떠올리는 경우나 아이템이 있고 그에 맞는 저자를 섭외해야 하는 경우로 나누어서 생각해 볼 수 있겠다. 또 철저한 시장 조사와 독자 니즈 분석에서 시작하는 기획도 있다. 분야나 주제를 정하고 시작하는 시리즈물인 경우도 많고(에세이·인문 분야지만 '아무튼 시리즈'), 어린이책이나 청소년책에서는 특히 이런 개발에 많은 투자가 이루어지는 것을 보았다. 자기계발서와 실용책, 나아가 에세이 분야에서도 이런 기획 개발은 흔한 일이다. 저자의 지분과 권위가 훨씬 높은 성인 인문·사회 분야 단행본에서 이런 기획은 흔치는 않지만 없지도 않다.●

이제 이 장의 마무리를 더는 지연시킬 수 없으니 결론으로 돌아와 보자. 그러니까 이런 기획은 어떻게 할까? 주변의 좋은 기획자를 떠올려 보면 대충 아래와 같은 팁을 추출해 볼 수 있겠다. 아니, 팁이라기보다 지극히 당연한 기획의 '조건'이라고 하는 편이 정확할 것 같다.

4장에서 저자 관리에 대해 이야기하며 다시 다룰 기회가 있겠지만, 확실히 좋은 기획자 주변에는 좋은 저자가 많다. 또 좋은 기획자는 대체로 매우 좋은 독자다. 좋은 기획자는 문제의식이 분명할 뿐 아니라 사회 여러 이슈에 관심을 갖고 책과 다른 매체를 왕성하게 소비한다. 어떤 책이 나와서 어떤 반응을 얻는지 파악하고 있지만 무엇보다 그 책이 왜 좋은지 어떻게 과대평가 혹은 과소평가되는지에 대해 자기 기준과 언어로 설명할 수

● 오래전 책세상 문고가 이런 인문·사회 분야 기획의 전범이었다면, 유유의 땅콩문고는 이런 트렌드를 부활시킨 시리즈인 것 같다. 이와 함께 몇 년 전부터 '북저널리즘' 시리즈를 선보이는 스리체어스를 언급하지 않을 수 없겠다.

있다. 시장 분석을 열심히 하고 독자의 니즈를 잘 파악하는 기획자도 있다. 특히 실용책이나 자기계발서·청소년 도서를 개발해 본 편집자가 이런 일을 '데이터 기반으로' 잘하는 것 같다. 더불어 1장에서 다룬 '키워드' 이야기를 한 번 더 강조하고 싶다. 좋은 기획자는 늘 브레인스토밍을 하고 아이디어를 기록하는데, 이것이 '키워드'의 형태로 이루어져 계속해서 지도에 반영된다고 쓴 바 있다. 역시 이후에 다시 할 이야기인데, 좋은 기획자는 자원을 파악하고 비용과 수익에 대한 감각(손익분기에 대한 감각)도 지니고 있는 것 같다. 이런 능력은 모든 소통과 협업의 중심이 될 것이다.

하지만 무엇보다, 좋은 기획자는 부지런한 행동가인 경우가 많다. 줄기차게 새로운 저자를 찾고 새로운 제안을 한다. 씨를 뿌리고 다니는 농부 같은 사람이다. 기획은 어떤 의미에서는 우리가 월급을 받기 위해 하는 수많은 일처럼 그냥 일일 뿐이기도 하다. 계속 하다 보면 그럭저럭 좋은 기획도 나오고 나쁜 기획도 나오고 그러면서 데이터가 쌓이고 내 스타일이 완성되는 일이라는 것을 이 책을 읽는 여러분도 대충 알고 계시리라. 나는 이런 일상적인 부지런함이 머릿속에서만 이루어지는 어떤 정교하고 환상적인 아이디어보다도 더 효과적이라는 사실을 (실행에 옮기지 못하는 것일 뿐) 잘 알고 있다. 그래서 앞으로는 나도 좀더 부지런한 기획자가 되어야지, 다짐해 본다.

해외 도서 시장을 살피고 필요한 책 들여오는 법

외서 기획의 경로

이 책은 주로 국내서에 초점을 맞춰 기획·편집의 과정과 순서를 이야기하기에, 해외 도서에 관한 것은 이 장에서 따로 다루어 보려고 한다. 외서라고 뭐 다를 게 있을까 싶기도 하지만, 저자를 섭외하고 관리하는 대신 번역자를 섭외해 협업하고, 기획 시 에이전시라는 협업자가 추가된다는 점이 다르다. 농담 삼아 말하면, 번역서의 최대 장점은 '저자'와 소통하지 않아도 된다는 것이고, 최대 단점은 '저자'와 소통할 수 없다는 것이다. 번역 출간 권리rights가 이동하는 흐름은 해외의 저자 → 에이전트/에이전시 → 해외 출판사 → 국내 에이전트/에이전시 → 국내 출판사의 순서를 따른다. 여기서 저자, 에이전트, 에이전시, 해외 출판사 중 한 곳이 번역 저작권을 관리한다. 통상 국내 에이전시가 해외 도서 소개 자료를 국내 출판사에 배포하고 검토 및 계약 제안(오퍼) 기한을 원저작권사와 상의해 정하고, 관심 있는 출판사가 선인세 금액·로열티·제작 부수·판매 가격 등을 제시하며 계약 의사를 밝히면 선인세 금액을 비롯 여러 조건을 고려해 원저작권사가 최종 결정을 한다. 에이전시와의 협업을 저작권 담당자가 따로 진행하는 경우도 있고 편집부에서 진행하는 경우도 있다. 수출입 저작권을 관리하는 저작권부가 별도로 존재하는 경우가 많아졌지만 대다수 중소규모 출판사에서는 여전히 편집자가 저작권 관리 업무를 병행한다. 검토와 출간 여부에 대한 결정은 대체로 편집부에서 한다.

외서를 기획하는 경로 혹은 그 과정에서 참고하는 자료의 출처를 살펴 보면 대체로 아래와 같다.

① 국제 도서전 개최 시기에 맞춰 해외 각 출판사 및 에이전시에서 발행하는 라이츠 가이드

② 국내 에이전시에서 출판사로 보내 오는 뉴스

레터

③ 번역자의 소개

④ 복간 도서

⑤ 편집자가 관심 있는 주제·이슈·저자를 검색해서 찾은 책

⑥ 다른 책이나 미디어에서 소개한 책

최근에는 외서 기획의 대부분이 대규모 국제 도서전 기간에 전 세계 모든 출판사와 에이전시가 만들어 배포하는 저작권 가이드 문서(라이츠 가이드)를 통해 이루어진다. 특히 외서 중 압도적인 비중을 차지하는 영미권·유럽어권 도서는 4월에 개최되는 런던 국제 도서전과 10월에 열리는 프랑크푸르트 국제 도서전 때 쏟아져 나오는 저작권 가이드 홍보물만 잘 보면 거의 놓치지 않고 볼 수 있다고 해도 과언이 아니다. (물론 그보다 더 빨리 계약되는 타이틀도 존재한다. 전작 출판 등으로 옵션이 있는 경우 그리고 스카우트 같은 더 빠른 정보 에이전트가 있는 경우가 그렇다.) 그러니 1년에 두 번, 4월(3월)과 10월(9월)에는 따로 시간을 내어 1~2주 정도 집중적으로 해외 타이틀을 검토하는 것을 연례행사라 생각하고 (팀) 업무 일정을 짜야 한다. 대량의 저작권 가

이드를 통해 우리는 관심 있는 저자의 근황을 알 수 있고, 관심 있는 주제에 관한 정보를 얻을 수도 있다. 무엇보다 그해 전 세계 출판물의 흐름을 살펴볼 기회를 얻는다. (이를테면 앞 장에서 살펴본 최근 몇 년 간의 페미니즘·테크놀로지·환경 관련 타이틀 중 번역서의 비중을 떠올려 보기 바란다.)

당연히 모든 가이드를 다 볼 수는 없다. 자료의 분량은 짧게는 20~30쪽이지만 100쪽짜리도 드물지 않으며, 도서전 기간에 저작권 가이드를 발행하는 저작권사만 해도 100군데가 훌쩍 넘는다. 따라서 우선은 픽션·실용·비즈니스·자기계발·라이프스타일 등 비관심 분야를 과감하게 제외하고, 관심 가는 타이틀을 많이 보유한 저작권사 위주로 봐야 한다. 그러니 먼저 대략 해외의 어떤 출판사가 어떤 책을 내고 어떤 에이전시가 어떤 작가를 관리하는지 파악해 두면 좋다. 욕심 부리지 않아도 2~3년 정도 리스트를 꼼꼼히 보면 자연스럽게 정리된다.

관심 있는 책을 추리고 나면 관심도를 상·중·하·참고로 나누어서 원고나 (원고가 없는 경우) 추가 자료를 요청한다. 지금 바로 비딩bidding●에 참여해도 될 정

● 특정 도서의 번역 출간을 희망하는 출판사가 두 군데 이상인 경우에는 계약 중개를 담당하는 에이전시에서 각 출판사에 지불 가능한 최대 선인세 금액을 문의한다. 이에 응찰하는 것.

도로 확신이 서는 타이틀부터 다른 책을 만드는 데 참고가 될 만해서 보고 싶은 타이틀까지 중요도로 우선순위를 정하고 검토 일정도 그에 맞추어 짠다. 또 하나, 저작권 가이드에는 주로 아직 정식 출간이 되지 않은 원고 상태나 기획안 상태의 타이틀이 많이 소개되지만, 보통 자료의 맨 뒤에 소개되어 있는 그 저작권사의 백리스트❤를 빼먹지 말아야 한다. 백리스트를 파악해 두면 그 출판사(저작권사)의 성격과 성향을 파악하는 데 도움이 된다. 당연히 현 계약이 종료되면 이후 번역출판권을 가져올 수도 있다.

이 많은 자료 속에서 내가 가장 잘 만들 수 있을 것 같은 책을 발견해도 이런 저런 사정으로 계약하지 못하는 경우는 얼마든지 많이 생길 수 있다. 돌베개에서 일하는 동안 저작권 수출입 관리 업무를 병행했는데, 중요한 책을 놓칠 때마다 아쉬움이 너무 커서 자괴감이 들기도 했다. 하지만 그렇게 놓친 책이야말로 정말 큰 공부거리가 된다는 사실을 알게 되었다. 지금 생각해 보면 아깝게 놓친 좋은 타이틀에서 배운 것이 훨씬 많다. 그러니 탐나는 책을 놓쳤을 때 괴로워하기보다는 그 책이 내 생각과 어떻게 다르게 출간되어 어떻게 다르게 읽히는지 비교해 보는 좋은 배움의 기회로 삼기 바란다.

복간

요즘 가장 주의를 기울일 필요가 있는 것이 복간 도서다. 출간물이 거의 무한정으로 쏟아져 나오고 신간 도서의 수명이 점점 더 줄어드는 와중에도 좋은 소식은 있다. 그만큼 재도전해 볼 수 있는 기회도 많아졌다는 것이다. (애초에 조금 더 보편적 독자를 염두에 두고 쓴 책이 많아서인지 아직까지 복간은 외서를 중심으로 많이 이루어지고 있지만, 국내서도 앞으로 점점 더 눈여겨봐야 할 것이다.)

관심 있게 지켜보았던 외서의 판권을 다른 출판사가 가져간 경우 그 책이 출간되면 가장 먼저 사서 읽게 된다. 제목·부제·표지·카피 등을 살펴 어떤 독자를 상정하고 어떤 콘셉트로 책을 만들었는지(9장에서 살펴볼 이른바 '패키징'●), 번역과 편집은 잘 되었는지, 디자인은 책과 잘 맞아떨어지는지, 홍보와 마케팅은 잘 되고 있는지⋯⋯. 내가 생각지 못했던 콘셉트로 예상치 못한 독자까지 끌어들여 좋은 성과를 냈다면, 홍보와 마케팅 방식이 독특하고도 효과적이라면, 그 모든 것을 배울 기회로 삼는다. 나는 왜 그렇게 생각했고 이 책을 만든 사람은 왜 이렇게 생각했는지 비교해 보는 것도 큰 도움이

● 제목, 부제목, 카피, 디자인 등 표지 요소의 상을 잡고 또 각 요소가 조화를 이루도록 만드는 일련의 과정을 말한다.

된다. 그런데 혹시라도 그 책이 지닌 가치와 가능성에 비해 지나치게 적은 독자를 만나고 수명도 짧았다는 판단이 들면? 아마도 그 출판사에서는 결국 판권을 포기할 수밖에 없을 것이다. 계약 기간이 번역 기간을 포함해 5~7년 정도인 것을 감안하면 4~5년 후 나는 전혀 다른 패키징으로 그 책을 내 볼 수 있다.

『스밀라의 눈에 대한 감각』, 『감각의 박물학』(옛 제목은 『열린 감각』), 『광기와 우연의 역사』 등 계속해서 복간되는 책은 사실 오래전부터 있었다(문학 분야는 성격이 다르기 때문에 논외). 사회 분야의 책은 시의성이 큰 만큼 이렇게 수명이 긴 책은 상대적으로 적었지만, 그래도 고전이라고 할 법한 책은 꾸준히 복간되고 있다. 다만 『정의란 무엇인가』나 『먹고, 기도하고, 사랑하라』 같은 '큰 책'의 이동을 생각해 보면 해외 도서의 복간이 꼭 편집자들에게 좋은 일만은 아니다. 백리스트의 관리가 점점 더 어려운 일이 되어 간다는 의미이기도 하기 때문이다. 편집권의 문제도 이와 관련해 조금 더 면밀히 고민해 볼 필요가 있다. (이후에 나온 책은 앞에 나온 책을 참조할 수밖에 없는데, 번역의 경우 번역자와 재계약을 통해 이전 번역을 활용할 수 있지만 편집은 합리적인 거래를 할 수 있는 틀이 없기 때문이다.)

최근에는 내가 오랫동안 좋아하며 복간되기를 꿈(만) 꾼 캐럴라인 냅의 책이 복간되었고, 시어도어 젤딘의 『인간의 내밀한 역사』가 재출간되기도 했다. 이렇게 오래전 절판된 책 중에 우리 눈에 띄길 기다리는 책이 있을지 모른다. 관심 있는 저자의 오래전 작품을 찾아보는 것도 방법이다. 『걷기의 인문학』 역시 그렇게 복간한 책이고 초판보다 훨씬 더 많은 독자를 만나 기뻤다. 최근에는 다른 출판사의 책뿐 아니라 자사의 책을 리패키징 하는 경우도 많아졌다. 도서정가제 시행 이후 가격 조정이 불가피해 그러는 경우도 있고, 새로운 패키징으로 더 많은 독자에게 다가가려는 실험을 해 보는 것일수도 있다. 이런 책을 만드는 과정은 품이 덜 들어 효율적이다. 아니, 언제나 그렇다고는 말 못하겠다. 하지만 어쨌든 한결같이 이전보다 편집(번역이나 교정·교열) 상태가 좋아지는 것은 분명하다. 그것만으로도 책을 만드는 이에게는 큰 위로가 된다. 책이 더 나아진다는 확신만큼 노동 의욕을 고취시키는 일이 또 있을까?

외서 < 국내서?

외서와 국내서의 비중이 얼마여야 한다는 원칙이 있을 리는 없다. 출판사·팀·기획자마다 전략이 다를 것이다. 이보다 여기서 강조하고 싶은 것은 외서와 국내서는 항상 시너지 효과를 일으킨다는 사실이다.

요즘에는 상황이 많이 나아지고 있지만, 한국 출판계, 특히 인문·사회 분야는 오랫동안 필자 부족 문제를 겪어 왔다. 같은 저자를 놓고 경쟁이 과열되어 저자를 소진시키는 경우도 많이 있었다. 시의성 있는 주제로 책을 내고 싶은데 접근 가능한 국내 연구나 취재가 충분치 않은 경우, 꼭 보게 되는 자료가 해외 단행본이다. 특히 어떤 언어권보다 압도적으로 시장이 크고 출간 물량이 많은 영미권 도서 중에는 어떤 주제에 대해서도 참고할 만한 책이 존재한다. 물론 한국 사회의 고유한 맥락이 있기 때문에 해외에서 이루어진 논의를 그대로 가져와서 기계적으로 한국 사회에 적용하는 작업은 설득력도 없고 의미도 없지만, 기초 자료로서는 주요 이론·쟁점·목차의 구성·논거와 사례·참고한 연구 및 논문까지도 모두 큰 도움이 된다.

가령 '현대 노년의 삶'에 관한 조금 더 사회학적이고

인문학적인 해석을 담은 책을 기획하려고 준비한 시기가 있는데, 한국에는 고령화에 관한 정책적 관심을 담은 논문이나 노년을 행복하게, 유쾌하게, 즐겁게, '젊게' 보내는 법에 관한 실용적인 책 외에 다른 성격의 책이 매우 적었다. 그래서 해외에서 출간되는 다양한 '노년'에 관한 책을 참고했다. 가족 구성의 변화에 관한 책을 고민하고, 1인 가구의 증가와 비혼 인구의 확대에 관한 책을 고민하던 중에도 『Going Solo』, 『Singlism』 같은 당시 해외에서 출간된 책이 좋은 참고 자료가 되었다.

단순히 참고만 하는 것이 아니라 자연스럽게 이런 책 중 한국 독자에게도 의미 있을 만한 책을 골라 소개하게 되는 경우가 많다. 적절한 번역자 혹은 추천사나 해제를 쓰거나 감수할 만한 소개자를 만나는 과정에서 국내물을 위한 준비가 차근차근 이루어지기도 한다. 서평 등으로 책을 홍보해 줄 수 있는 분 중에도 이후에 비슷한 주제로 책을 집필할 수 있는 분이 있을 수 있다. 해당 주제에 관한 예비 저자 목록이 만들어지는 것이다. 물론 이 예비 저자가 이후 다른 번역서를 낼 때 신뢰할 만한 검토자나 홍보자가 되어 주기도 한다.

비슷한 관심을 지닌 독자를 확보할 수 있다는 점에서도, 홍보를 할 때도 국내물과 외서가 서로 시너지 효과를 낼 수 있다. 나는 한 저자와 3종 이상의 책을 낼 수 있어야 한다고 늘 생각해 왔는데, 같은 주제로도 3종 이상의 책을 낼 수 있어야 시너지가 생긴다고 말할 수 있겠다. 동일 주제로 다양한 책을 내면서 논의의 밀도, 만듦새에 대한 기준이 더 정교해지는 것은 자연스러운 일이다.

번역자

해외 도서 판권 정보가 점점 더 빠르게 유통되면서, 외서도 기획 단계나 원고 집필 단계에서 계약하는 경우가 많아졌다. 심한 경우는 블라인드 오퍼, 즉 샘플 원고도 없이 기획에 관한 한두 가지 핵심 정보만 가지고 비딩하기도 한다. 물론 저자 신뢰도가 높거나 판매 가능성이 높은 아이템이기 때문에 가능한 일이기는 하다. 사정이 이렇다 보니, 이전에 외서 기획의 많은 부분을 담당했던 번역자의 역할이 줄어들고 있다. 번역자가 출판사와 함께 기획을 하고 성과에 대한 경제적·심리적·상징적 지분을 나누어 가지던 시대가 저물고 있는 것이다(물론 검토를 같이 하고 홍보 과정에서도 번역자가 큰 도움을 주기는 한다).

번역자의 역할은 이제 주어진 시간 안에 정확하고 매끄럽게 번역을 하는 것으로 한정되고 있는 듯하다. 이 말은 기획에서 출판사가 조금 더 큰 리스크를 감당해야 한다는 뜻이다. 하지만 (인세 계약을 하더라도) 책 출간 전 번역자에게 계약금 100만 원만 주고 신속하고도 정확하게 번역하라고 하는 것은 상식에 어긋난다. 매절 금액을 보장할 수 있는 수준의 합리적인 번역료를 미리 보장해서 완성도 높은 원고를 받는 편이 출판사에게도 번역가에게도 훨씬 낫다.

전문 번역가가 기술 번역●을 할 때 받는 원고료가 원어 기준 단어당 150~200원 정도라고 치면, 이것은 번역된 한국어 기준으로는 200자 원고지 1매당 9,000원에 가까운 금액이 된다. 출판 번역은 번역자가 번역 저작권을 가지고, 번역자의 이름으로 출간하는 책이니만큼 기술 번역과 동일한 고료를 제공할 수는 없지만, (난이도와 전문성, 번역자의 경력이 평균적인 범주에 있을 때) 현실적으로 매당 5,000원 정도는 보장되어야 하는 것이 맞다. 이러면 많이 팔리지 않는 책을 출간할 기회가 줄어드는 결과가 초래될 수도 있다(이는 편집자가 일상적으로 마주하게 되는 딜레마다. 항상 이 안에서

● 기업 문서, 계약서, 제품설명서 등 특정 분야의 지식을 전달하기 위해 작성된 글을 번역하는 일로, 다른 번역에 비해 특히 더 정확하고 섬세해야 한다.

균형을 잡아야 하는 것이 편집자의 일이다). 하지만 다시 생각해 보아도, 출판사가 조금 더 리스크를 감당하는 것이 맞다. (기술의 발달로 번역 일이 지금보다 훨씬 수월해지는 날이 온다면 그때는 또 이야기가 달라지겠지만, 그런 미래는 쉽게 오지 않을 것 같다.)

단행본 번역자를 구할 때 직업으로 번역 일을 하는 전문 번역가를 섭외하는 편이 좋은지, 아니면 번역 경험은 없거나 적지만 책이 다루는 분야를 제대로 공부한 경험이 있는 관련 분야 전공자를 섭외하는 편이 좋은지 질문을 받을 때가 있다. 현재 국내 전문 번역가의 수준은 매우 높은 편이다. 가능하면 전문적으로 번역을 하도록 훈련받고 일해 온 분이 번역을 하고, 필요한 경우 전문적인 내용은 해당 분야 연구자나 전공자가 용어나 개념 감수를 하는 쪽이 효율적이라고 생각한다. 인문·사회 분야에서 안정감 있게 오류 없이 매끄럽게 번역하는 번역자는 이전보다 많아졌다고는 하지만 여전히 부족하다. 이런 분들은 매우 귀하고 그만큼 더 대우받고 보호받아야 한다. 통상 이런 분은 1~2년 치 번역이 예약되어 있는 경우가 많다. 번역료가 합리적 수준으로 현실화되어야 이들의 일을 덜어 줄 양질의 인문서·사회서 전문 번역가가 업계에 유입될 수 있을 것이다. 번역이 잘되어

원문 대조의 단계를 한 번 건너뛰면 비용이 크게 절감된다. 당장 눈앞의 비용만이 아니라 과정 전체에서의 비용에 대한 감각을 키우고 장기적인 안목으로 의사결정을 하는 것이 중요하다.

예민한 이슈인 번역료 선정 기준에 대해서 구체적인 팁을 제시해 보고 싶다. 6장에서 다시 정리해서 이야기하겠지만, 편집자는 항상 가장 좋은 협업을 제안할 수 있는 사람이어야 한다고 믿는다. 관습을 무비판적으로 따르기보다는 전체 그림을 그리고 자원을 효율적으로 배분하고 문제를 현명하게 해결하는 사람. 번역자와 번역료를 협의할 때도 이런 능력이 필요하다.

나는 오랫동안 '번역 계약 조건 산출 자료'라는 표를 만들어서 번역자와 소통해 왔는데, 전체적인 데이터를 공유하고 번역자가 그 안에서 조금 더 주체적으로 선택할 수 있도록 선택지를 제안하는 자료라고 보면 된다. 원고 분량과 난이도가 어느 정도고, 일정은 어떻게 되고, 책값은 얼마나 되고, 초판 부수와 연간 판매 부수, 총 판매 부수가 얼마가 될지를 다 따져 매절로 계약했을 때와 인세로 계약했을 때의 차이를 보여 주는 것이다. 그런 데이터는 번역자에게 현명한 선택을 할 기회를 제공한다. 번역자는 과감하게 인세를 높여 계약금과 선인세를 받고 홍보 단계에서도 협력하면서 수익을 배분받는 선택을 할 수도 있고, 출판사 측의 매출 목표에 동의하지 않는다면 노동에 대한 대가를 매절로 더 확실히 보장받는 선택을 할 수도 있다. 물론 내가 가장 좋다고 생각하는 것은 두 가지를 섞어서 원칙적으로 인세를 보장하되 노동량에 대한 최소한의 보장을 선인세로 제공하는 것이다. 나는 그간 최소한 매절 금액의 70퍼센트 정도를 선인세로 제공하는 것을 목표로 해 왔다.

외서 패키징

패키징, 즉 원고를 포장하는 과정은 9장에서 본격적으로 다룰 것이고 여기서는 해외 도서의 경우 특히 신경 써야 할 점만 간단히 짚어 보자. 외국 저자가 쓴 책을 한국어로 번역하고 한국어 문화권의 독자에게 소개할 때 주의할 점이라고, 넓게 생각해도 좋겠다. 물론 많은 외서가 자국 독자만이 아니라 더 넓은 문화권의 독자를 염두에 두고 쓰이며, 타언어권 번역자나 독자의 입장을 배려한다. 그리고 전통적으로 한국어 독자는 해외 도서를 읽고 소화하는 적응력이 뛰어나다. 번역이 조금 어색해도 원래의 맥락을 잘 상상하고 살펴서 적극적으로 독해

해 낸다. 심지어 책의 오류까지 수정해 가면서 읽는 독자가 넘쳐 나던 시절도 있었다. 하지만 그런 독자는 어디론가 사라지고 우리는 번역 투의 책을 굳이 애써 읽지 않아도 읽을거리가 널린 세상에 살고 있다. 한국어로 쓰인 양질의 콘텐츠도 점점 더 늘어난다. 좋은 콘텐츠를 수입해 잘 소개하는 전략과 비전만으로 큰 출판사가 될 수 있는 시대도 지났다. 게다가 영어·일어·중국어에 능통한 독자도 늘고 있다.

외서의 최대 장점이자 단점이 저자와 소통할 수 없는 것이라 했는데, 여기서는 단점으로 살펴보자. 책을 만들 때 각 단계마다 저자와 소통이 원활히 되지 않으면 마지막에 표지와 제목 등을 원저작권자에게 승인 받는 과정에서 문제가 생길 수 있다. 통상 한국 출판 시장과 한국어 독자의 특수성·지역성을 원저작권자나 해외 저자가 충분히 이해하기는 어렵다. 이런 악조건을 극복하고 저자를 설득해 내는 것이 우리의 과제다.

『나는 가해자의 엄마입니다』라는 콜럼바인 총격 사건 가해자의 엄마가 쓴 책을 예로 들어 보겠다. 역대급 사건인 실화를 바탕으로 한 책이다 보니, 저자의 태도가 매우 예민할 수밖에 없었다. 원서 제목은 'Mother's Reckoning'(엄마의 숙고)이었는데 이것을 '나는 가해자의 엄마입니다'로 바꾸어 승인을 요청하자, 원저작권자가 몹시 놀랐다고 한다. 긴밀한 소통이 없는 상황에서는 선정적인 제목으로 단기적인 장사에만 관심이 있는 것으로 오해했을 수 있겠다. 나는 한국의 독자가 얼마나 정치적·역사적 격동에 익숙하고, 그래서 해외의 사건들에 대해 얼마나 무감하거나 무관심한지에 대해 설명해야 했다. '콜럼바인 사건'을 정확히 기억할 만한 사람은 많지 않다는 엄연한 한국 독자의 현실을 상기시켰다. '엄마의 숙고' 같은 밋밋한 제목을 보고 이게 무슨 책인지 상상할 수 있는 한국 독자는 거의 없다는 것, 수 클리볼드라는 저자의 이름만 보고도 콜럼바인 사건을 연상할 수 있는 북미 독자의 경우와 극명히 대립된다는 것도 언급했다. 또 오히려 바로 그렇기 때문에 한국의 독자는 이 책의 문제의식에 더 정확히 집중할 수 있으리라는 점도 언급했다.

더불어 한국어판을 만드는 편집자는 이 책의 목표가 '콜럼바인 사건'을 독자에게 이해시키는 것이 아니라는 점을 잘 알고 있고, 특히 저자가 무엇을 염려하는지 정확히 인지하고 있다는 점을 강조했다. 사건의 피해자와 희생자의 유족이 여전히 생생한 고통을 느끼며 살아가고 있는 만큼, 이 책이 그 고통에 대해 합당한 예의를 지켜야 한다는 점을 실제로 무겁게 인식하고 있었다. 독자가 이 책에 대해 품을 수 있는 오해를 피하기 위해 우리가 어떻게 책을 둘러싼 언어를 신중하게 다루고 있는지 알렸다. 가령 한국에서 '부모됨', '양육'이나 '우울증' 이슈와 관련해 가장 권위 있고 신뢰받는 전문가에게 받은 훌륭한 추천사를 보여 주었다. 실제로 내가 패키징에서 가장 공을 들인 부분도 그 여러 개의 추천사였다. 진심을 담은 장문의 이메일로 책의 메시지와 효과에 대해 많은 말씀을 주고받았다. 아마 내가 이 책의 메시지에 대해, 그것이 한국 사회에서 매우 유익한 질문을 제기할 수 있다는 점을 확신하고 있었기 때문에 그렇게 부탁을 드릴 수 있었을 것이다. 결국 우리는 원저작권자의 허가를 받아 책을 우리 독자에게 맞춤한 상태로 패키징해서 출간할 수 있었다.

실제로 보도자료를 쓰고 홍보 문구를 만들고 책이 여러 매체에 소개되었을 때 비판이 없었던 것은 아니지만, 편집부와 마케팅부가 적절하게 대응했다고 생각한다. 책을 소개할 때 섬세하고 겸허한 언어를 고르려고 노력했고, 이런 점이 독자의 신뢰를 얻은 것이라 이해한다.

〔 4 〕
국내 저자를 찾고 효과적으로 소통하는 법

편집자는 사회 분야 저자에게 무엇을 약속하고 무엇을 요구할 수 있을까?

사회 분야의 저자는 어떤 사람이고, 어떻게 찾아내고, 어떻게 섭외하는가 하는 실질적인 질문은 잠시 뒤로 미루어 두자. 그런 물음이 중요하지 않다는 뜻이 아니다. 이 책을 읽을 편집자는 이미 자신만의 방식과 스타일을 갖춘 분이 아닐까 생각한다. 말미에 적으나마 참고 사례를 언급할 계획이니 조금만 참고 읽어 주시길 바란다.

전통적인 사회 분야 저자의 산실,
아카데미와 저널리즘

또 큰 질문에서 시작해 본다. 인문·사회 분야의 저자는 주로 어디에서 서식해 왔나? 과거형으로 간단하게 답하자면 아카데미와 저널리즘이었다고 할 수 있다.

무엇보다 일차적인 저자층은 사회과학·인문학 분야의 연구자다. 하지만 1990년대 말부터 연구자의 성과를 등재지 논문으로 계량하는 정책과 관행이 안착(?)하면서 일반 독자를 염두에 두는 '단행본 쓰기'는 연구자의 우선순위에서 밀려나게 되었다. 물론 이전에도 이런 글쓰기가 연구자의 주요 관심사였다고 할 수 있을지 모르겠지만, 이전에는 연구자가 대중적 소통에 눈을 돌릴 수 있는 여유가 더 많았고, 대중적 소통의 '거의' 유일한 혹은 '가장' 효과적인 방법이 단행본 집필이었다. 최근 대학에서 각종 프로젝트와 연관된 여러 행정적 업무에 연구자가 얼마나 시간과 에너지를 많이 빼앗기는지에 대해서는 이미 많은 기록이 있다.

게다가 독자 역시 연구자의 설명에 이전만큼 권위를 부여하는 것 같지 않다. 결국 사회 분야 연구자와 독자 사이의 거리는 제곱의 속도로 멀어지는 중이다. 연구

차가 연구 대상에 대해 지니는 연구자다운 '거리감'에 대해 독자가 느끼는 불편함은 매우 중요한 변화이다. 더 단순하게 쓰자면 오늘날의 독자는 사회적인 이슈가 개인적인 경험과 만나 강렬한 정서적 힘을 발휘할 때 그 이야기에 귀를 기울인다는 뜻이다. 그렇다면 사회와 그 사회의 구성원에 대해서 이해하고 해석하는, 곧 공적인 언어를 풍부하게 하는 아카데미의 기능은 퇴화되어 가고 있는 것일까?

또 다른 전통적 저자 층인 저널리스트는 어떨까? 학계가 전문화·과학화되어 대중적인 출판물과 멀어지는 동안에도 언론은 사회에 대한 넓은 관심을 유지한 채로 대중을 독자로 하는 글을 계속해서 생산해 내고 있지 않았나? 하지만 자세히 들여다보면 언론의 상황은 아카데미보다도 좋지 않아 보인다. 양적으로 보면 국내 신문 구독률은 1996년 69.3퍼센트에서 2019년 6.4퍼센트로 떨어졌고, 질적으로 보면 2019년 한국인의 뉴스 신뢰도는 22퍼센트로 조사 대상이 된 38개국 가운데 꼴찌라고 한다.● 이 와중에 뉴미디어는 폭발적으로 성장하고 있다. 언론과 여론 사이의 구분이 모호해진 지 오래다. 이제 독자는 여러 자원을 갖춘 큰 언론사의 기사가 아니라 당당하게 자기 얼굴을 걸어 놓은 개인 SNS

● 정혜승, 『홍보가 아니라 소통입니다』(창비, 2020) 84~86쪽에서 인용 및 재인용.

계정에서 볼 수 있는, 사안에 대한 '편향적이더라도' 뚜렷한 찬반 의견을 담은 포스팅을 신뢰하는 것 같다. 그래서 르포나 특집 기사를 발전시켜 단행본으로 출간하던 관행은 이제 팟캐스트·오디오클립의 녹취를 풀어 단행본으로 출간하는 관행으로 바뀌고 있다. 편집자는 이제 일간지나 시사 주간지 연재물 대신 인플루언서의 SNS와 브런치(포털 게시물), 유튜브를 탈탈 털어 저자와 콘텐츠를 '발굴'해야 한다.

전체적인 배경의 변화를 요약해 보면 이렇다. 사회에 대한 많은 정보와 지식을 더 쉽게 무료로 인터넷에서 구할 수 있게 되었다. 엄밀성이나 책임의 문제는 남아 있지만, 이 정도로 다양한 정보를 빠르게 구할 수 있는 세계는 20여 년 전만 해도 상상도 할 수 없었다. 매체의 변화와 연관되는 이러한 읽기와 쓰기의 변화는 다시 저자에게도 영향을 미쳤다. 새로운 방식으로 대중의 관심을 많이 사로잡는 사람이 저자의 대열에 합류하게 된 것이다. 공적인 기관이 부여한 어떤 공식적이고 객관적인, 이른바 오피니언 리더의 권위보다 개인 매체나 SNS상의 영향력이 큰, 이른바 인플루언서의 영향력이 독자에게 더 크다. 고등교육이나 언론과 가족적인 친밀함을 느끼던 인문·사회 분야 출판은 이제 새로운 국면으로 접어들었다.

나는 어떤 저자와 어떻게 일해 왔나

변화의 현황을 조금 더 구체적으로 파악하기 위해 내가
10년 동안 일한 반비 출판사의 예를 들어 보겠다. 반비
가 첫 책을 낸 2011년부터 내가 퇴사한 2020년 봄까지
반비와 1종 이상의 책을 작업한 국내 저자는 모두 35명
정도다(5명 이상의 공저 저자는 제외했다). 그중 가장
물리적인 여력이 있는 그룹부터 나열해 보면 정년 트랙
연구자가 10명(이후에 은퇴한 2명을 포함), 공무원이나
기자 및 편집자를 포함한 정규직 노동자가 6명, 프리랜
서(예술 분야 종사자 1명 포함) 6명, 비정년 트랙 연구자
가 5명, 자기 사업장이 있는 전문가나 기업가가 4명(이
중 1명은 이후 비례대표 국회의원이 되었음), 전업 작가
라 할 수 있는 저자는 4명이다. 이 수치에서 주목할 만
한 것은 전업 작가의 비중이 매우 적다는 슬프지만 당연
한 사실과, 아무래도 물리적인 여건이 보장된 그룹의 비
중이 높다는 사실이다. 이 중 전업 작가 4명은 누구보다
도 치열하게, 거의 전투적으로 책을 써 오신 분들이다.
중장기·단기 생산에 대한 계획이 있고 그 계획을 실천

하는 놀라운 분들이라는 뜻이다. 아래 표를 한 문장으로 요약하면 '인문·사회 분야의 저자가 되려면 사이드잡으로 하는 게 좋다' 정도가 아닐까? '직업으로서의 사회 분야 저자는 아무나 하는 게 아니다'일 수도 있겠다.

저자의 직업군

정년 연구자	☺☺☺☺☺☺☺☺☺☺
정규직 회사원	☺☺☺☺☺☺
전문직/기업가	☺☺☺☺
프리랜서	☺☺☺☺☺
비정년 연구자	☺☺☺☺☺
전업 작가	☺☺☺☺

다양성을 드러내는 다이어그램 같지만, 이중 57퍼센트에 해당하는
정년 트랙 연구자·정규직·전문직 노동자에게까지는 비교적
당당하게 출간 제안을 할 수 있었고, 나머지 43퍼센트에 해당하는
프리랜서·비정년 트랙 연구자·전업 작가에게는 훨씬 더 긴장감을 갖고
출간 제안을 해야 했다는 내용이 숨겨진 슬픈 도표다.

이중 반비에서 첫 번째 단행본을 낸 작가는 11명이고(반비는 애초부터 새로운 국내 저자를 발굴하려고 노

력하겠다는 명확한 지향이 있었다), 반비와 2종 이상을 작업한 저자도 11명이다. 절대적으로는 30퍼센트에 채 미치지 못하니 적은 수치가 아닌가 생각될 테지만, 30퍼센트가 그렇게 쉬운 수치가 아니라는 변명을 남겨 두겠다. (반비와 가장 많은 책을 낸 저자는 6종을 작업했고 여전히 계약되어 있는 책이 남아 있다.) 의식적으로 매우 노력했을 때 나오는 수치가 30퍼센트 정도라고 생각해 주면 좋겠다.

한편 저자 섭외의 경로를 파악해 보니 조금 부끄러워졌다. 기획이나 섭외라는 것이 명확하지 않은 면이 있어서 그렇겠지만, 편집자 쪽에서 아이템을 먼저 구상하고 섭외에 들어간 경우는 7건(12명), 편집자와 저자가 공동으로 기획한 경우는 9건(6명), 저자 쪽에서 먼저 제안한 경우는 16건(15명)으로 이러한 통계는 예상보다 더 소극적인 기획 태도를 여실히 보여 준다. 약간 포장해서 신중하다고 볼 수도 있겠다. 지인이나 지인의 지인 등 네트워크가 작동한 경우가 아니고 '순수하게' 섭외를 한 경우는 5명 정도밖에 안 되었다. 업계 동료나 선후배 또는 저역자의 소개로 함께 작업하게 된 저자가 12명으로 가장 많았다. 직접적이고 개인적인 친분이 있는 경우도 4명이나 된다. 이렇게 소극적이고 신중하긴 했지만 반비는 저자 섭외와 관리를 못 하는 출판사는 아니라는 이야기를 들어 왔고 나 역시 어느 정도는 수줍게 동의한다. 대단한 편집력이나 홍보력 등의 재능 때문이 아니다. 우리는 우리가 저자에게 해 줄 수 있는 것과 해 줄 수 없는 것을 비교적 명확히 파악하고 있었고, 그에 관해 충분히 소통할 수 있었다. 이것이 얼마나 중요한가에 대해서는 6장에서 더 자세히 쓰겠다.

편집자는 저자에게 무엇을 약속하고 무엇을 요구할 수 있을까

잠시 편집자에게 좋은 저자란 누구인가, 저자에게 좋은 편집자란 누구인가 한 번 생각해 보자. 당연히 정답이 있는 질문이 아니다. 저자도, 편집자도 사람이기 때문에 기질·취향·습성·사고방식별로 답이 달라질 수 있을 것이다. 다만 이 점을 스스로 잘 파악하는 것은 매우 중요하다.

A. 저자에게 최고의 편집자란?

1. 최적의 독자를 찾아내서 그들에게 맞춤한 패키징을 하고 최대한 잘 팔 수 있는 편집자

2. 원고의 내용과 맥락, 저자의 의도를 정확하게 파악하고 1의 전제하에서 그것을 최대한 보호하고 강조하려고 분투하는 편집자

3. 1, 2에 관한 내용을 효율적으로 저자와 소통하고 협의할 수 있는 편집자

B. 저자에게 최악의 편집자란?

1. 원고 자체를 이해하지 못하는 편집자

2. 원고에 대한 열의가 지나치게 없는 편집자

3. 열의가 지나치거나 자기 욕심 때문에 저자의 의도를 무시하는 편집자

C. 편집자에게 최고의 저자란?

1. 원고의 내용상·형식상 완결성을 책임지는 저자(완성도 높은 원고를 주는 저자)

2. 편집자와 출판사의 일을 이해하고 원활히 소통하려는 저자.

3. 마감을 잘 지키거나 홍보를 열심히 잘해 주는 저자●

● 사실 나는 (아마도 기질 때문에) 이 덕목을 그렇게 중요하게 생각하지 않는다. 마감 어기는 것을 최악의 조건이라고 생각하는 이들이 많은데, 나는 마감이 조금 늦어도 완성도 높은 원고를 주는 저자가 더 고마웠다. 이런 이야기를 드러내 놓고 하지는 못했지만, 다시 가슴에 손을 얹고 생각해 봐도 그렇다(때로는 정말로 화가 안 나는데 매우 화나고 곤란한 척 연기를 했던 적도 많다). 이런 이야기를 남기는 이유는 내가 지금 마감이 늦어지고 있어서

D. 편집자에게 최악의 저자란?

1. 내용상 완성도가 현저히 떨어지는 원고를 주는 저자.
2. 원고에 대한 애착이 너무 커서 자기 삶은 물론 다른 사람의 삶도 압도해 버리는 저자(+지나치게 많은 개입, 불필요한 소통 과잉, 독선적인 저자)
3. 소통이 어려운 저자(모두 알아서 하라는 방기)

이렇게 적어 놓고 보면 서로가 서로에게 어떤 기대를 하고 어떤 실망을 할지 조금 더 예측하기 쉬울 것 같지 않은가. 그러니 지금 책을 읽고 계신 여러분이 (예비)편집자건 (예비) 저자건, 잠시 책을 내려놓고 직접 써 보기 바란다.

나는 아무리 긍정적으로 생각해 보려 해도 잘 파는 편집자는 아니었다. 인문·사회 분야의 책들이 점점 더 안 팔리고 있는 상황이기는 하지만, 그렇다 해도 반비의 브랜딩이 성공적이지 않았다는 점은 스스로 인정해야 할 것 같다.(민음사 내부의 임프린트로서 구조적인 한계를 지닌 문제이기도 했다.) 좋은 원고와 좋은 저자를 찾아내서 잘 만들어 냈지만, 그 책이 다른 브랜드에서 나왔으면 더 잘 팔렸을 것 같다고 생각한 경우도 많다. 그런 면에서 함께 작업한 저자들에게 아직도 미안한

가 결코 아니라, 개인적인 기질도 팀 내에서 혹은 협업 관계에서 매우 중요하다는 이야기를 하고 싶어서다.

마음이 들 정도다. 반면에 원고를 잘 이해하고 저자를 보호하려고 애쓴 대목에서는 조금 어깨를 펼 수 있을 것 같다. 아마도 이런 점 때문에 내가 A-1의 미덕을 갖추지 못했다는 치명적인 한계에도 불구하고 많은 저자가 귀한 원고를 보내 주신 게 아닌가 싶다.

저자가 편집자(혹은 출판사)와 일하기 전 계약금이나 인세율 등의 계량적 조건 외에 여러 조건을 따져 보듯이, 나 역시 하나의 팀 혹은 하나의 브랜드를 운영하는 입장에서 새로운 저자와 일하기 전에 원고의 질이나 판매 가능성 외에 다음과 같은 조건들을 따져 보곤 했다.

— 우리 출판사의 라인업이나 관심 주제 및 키워드에 어울리는 저자인가?
— 우리 출판사와 2~3종 이상의 책을 낼 수 있는 저자인가?
   (단행본 집필에 대한 의지와 욕구가 있고 시간적으로 재정적으로 책을 쓸 수 있는 형편인가)
— 일반적인 출판 프로세스에 대해 심각한 오해를 하고 있지는 않은가?
   (가령 표지 디자인에 지나치게 개입하고 제목을 스

스로 지으려고 하고 가격도 마음대로 정하려고 해
서 소통에 어려움이 생기지는 않을 것인가)
— 자신의 독자층을 알고 의식하는 저자인가?
  (독자 대중과 소통하고 싶다는 욕구가 있는가, 두
  번째 단행본 집필 의지와 연관됨)

  한 명의 저자와 단행본 계약을 하기 전에 그 저자와
향후 3종 정도를 작업할 수 있을지 생각해 보자고 한 것
은 그렇게 해야 저자 관리에 충분히 공을 들일 수 있기
때문이기도 하고, 관리의 효율이 생기기 때문이기도 하
다. 또 그만큼 관심을 갖고 지속적으로 소통하고 싶은
저자인지 묻는 것이기도 하다. 이와 더불어 팀에서 특별
히 중요하게 고려했던 몇 가지 지점이 있다. 가령 어떤
저자와 작업하고 싶은가 고민하는 것만큼 어떤 저자와
는 작업할 수 없는가에 대해서도 충분히 생각해 보자고
했다. 조금 더 넓은 관점에서 생각해 보자는 주문이었는
데, 만일 다른 출판사에서 좋은 기획으로 편집자와 충분
히 긴 호흡으로 작업하고 있는 저자, 이미 충분히 많은
작업을 하고 있는 저자에게 또 다른 비슷한 작업을 제안
하는 것은 결국은 저자를 소진시키는 일이 되기 때문이
다. 인문·사회 분야 저자 풀이 넓지 않은 상황에서 이런

과도한 경쟁은 전체적인 효율성도 떨어뜨린다. 물론 내가 그 어느 출판사의 편집자보다도 독보적인 기획을 구상하고 있는 경우라면 이야기가 달라진다.●

이렇게 기준과 원칙을 세밀하게 의식하며 국내물 기획을 해 오기는 했지만, 최근 몇 년간은 함께 책을 작업해 보고 싶은 필자가 있을 때 이전만큼 선뜻 접촉을 하게 되지 않았다는 점도 언급해야 할 것 같다. 왜 그랬을까? 당연히 상당한 정신적·육체적 노동을 수반하는 본격적인 사회서 또는 인문서 집필 노동에 대해 약속할 수 있는 보상이 지나치게 약소했기 때문이다. 상황을 단순화해서 극단적인 예를 들어보자면, S 저자의 경우 신뢰도나 글쓰기 등 내용적으로 문제가 발생하지 않았는

● 이 대목에서 한 가지 사례가 떠오른다. 내가 오랫동안 함께 작업해 왔던 어느 저자는 친분 있는 출판계 인사들이 많아 출간 제안도 많이 받곤 했다. 제안을 모두 수락하다 보니 때로는 비슷한 내용이나 주제의 글이 여러 출판사에서 중복적으로 나오기도 했다. 이런 (문제) 상황을 고민하던 끝에 내가 당시 이 저자의 책을 내고 있던 주요 편집자 몇 분에게 연락을 했다. 그리고 그분들과 이 저자의 책 중 누가 어떤 주제, 어떤 분야, 어떤 키워드의 책을 낼 것인지 여러 요소들을 검토해 합의했다. 나는 예술 에세이 쪽을 내기로 하고, 다른 한 분은 역사·시사적인 주제에 대한 책을 내기로 하고 나머지 한 분은 그분이 속한 출판사의 시리즈에 어울리는 학술서를 내기로 했다. 이런 협의는 서로 간의 신뢰와 존중이 있었고 저자 선생님과 각각의 편집자 사이의 신뢰와 존중도 있었기 때문에 가능한 일이었지만, 나는 어떤 편집자라도 이런 호혜적인 협상을 할 수 있으리라고 믿는다. 중요한 것은 항상 주어진 조건 안에서 서로 상생할 수 있는 넓은 시야와 관점을 지켜내는 것이 아닐까.

데도, 15년 전 1~2만 부(때로는 그 이상도) 정도 팔렸다면 최근 몇 년간 4~5천 부밖에 팔리지 않는다. 독자가 줄어들었다는 것은 단순히 경제적 대가가 줄어들었다는 의미가 아니라 책의 영향력이 그만큼 작아졌다는 뜻이다. 기획안을 만들어 저자를 만나는 일은 이전보다 폼이 덜 나는 일, 명분이 부족한 일이 되었다. 10년 전까지만 해도 나는 저자를 섭외할 때 내 제안이 필자에게도 매우 유익한 일임을 믿었다. 최근 몇 년간은 어떤 주제에 대해 적합한 저자를 떠올릴 때마다 의혹이 믿음을 앞서는 경우가 많았다.

물론 인문·사회 분야 저자가 출판사와 편집자에 요구하는 것이 출판사의 브랜드·배포 능력·마케팅에 대한 기대뿐일 리 없다. 시장과 독자에 대한 신뢰할 만한 판단, 책의 메시지를 돋보이게 만들고 저자의 장점을 드러내면서도 적절한 선을 지키는 방법(패키징), 원고를 정확히 읽어낼 수 있는 능력 등이 전부일 리도 없다. 때로는 의전(예의의 형식을 갖추는 일)일 수도 있고, 때로는 집필 의욕을 고취시킬 수 있는 격려와 자극일 수도 있고, 때로는 그냥 인간적인 배려와 공감 능력일 수도 있다. 이 모든 것을 아울러 소통 능력이라고 할 수도 있을 것이다.● 하지만 기억해야 할 것은 이런 것이다. 출판

● 오해를 피하기 위해 덧붙이자면, 나는 모든 종류의 의전을 좋아하지 않고 정서적인 배려에 익숙하지 않고 공감 능력도 그닥

사와 편집자가 저자에게 이런 것을 충분히 제공하지 못할 때 저자는 단순히 실망하는 데 멈추는 것이 아니라 점차 단행본 쓰기를 포기할 것이다. 연구자라면 차라리 그 시간에 논문을 쓰는 게 낫다고 판단할 테고, 대중적인 소통의 의지가 있는 저자라도 유튜브 콘텐츠를 만들거나 팟캐스트 또는 오디오클립을 만드는 편이 낫다고 생각할지 모르겠다. 이제 코로나19 시대를 맞아 많은 저자가 동영상 강의의 노하우를 고민하고 있으니, 아마 다른 매체나 플랫폼으로 빠져나가는 예비 필자는 점점 더 늘어날 것이다. 심지어 충분히 독자에게 인지도를 쌓은 저자라면, 그것이 현명한 결정인지 아닌지를 떠나 저자가 직접 독립 출판사를 차리고 자기 책을 파는 데 집중하게 될 수도 있다. 그러니 무엇이든 내가 잘할 수 있는 부분을 찾아서 잘하도록 하자.

풍부하지 않은 사람이다. 그래서 이를 업무상 강요당하는 상황에 놓였다면 극심한 스트레스로 고통받았을 것이 틀림없다. 다만 나는 이것이 편집자의 보편적인 특성이 아니라, 나의 기질적 특성이자 스타일이라는 것을 알고 있고, 오히려 그 취약성에 대해서 더 많이 의식하고 있다. 나와 다른 스타일이나 기질적 특성을 지닌 이들이 일하는 방식을 진심으로 존중하지만 그것을 배워서 몸에 익히는 데는 한계가 있다는 것도 알고 있다. 한 명의 편집자가 앞에서 언급한 모든 기능과 역할을 다 해야 한다는 것이 전혀 아니라, 자기 스타일을 파악하고 그것의 장단점을 파악하자는 이야기다.

구체적이고 실용적인 노하우 몇 가지

이쯤에서 진심으로 저자 섭외 노하우를 대방출하고 싶지만, 죄송하게도 그런 것이 별로 없다. 다만 매력적인 저자와 일을 하고 싶을 때, 그 저자가 혹할 만한 최고의 떡밥은 바로 '내가 이전에 만든 좋은 책'이라는 지당한 사실을 다시 한 번 강조하고 싶다. 편집자는 책을 만들 때마다 그 책을 읽고 좋아할 만한 저자를 같이 떠올리는 훈련을 한다. 그 책을 읽고 기뻐할 저자를 책의 패키징이나 홍보에 참여시키기 위해서다. 그들에게 책의 추천사·해제·서평 혹은 북토크 같은 행사 참여를 부탁하고 나면, 후에 관련된 주제로 그 저자를 섭외하기가 한층 수월해진다. 또 저자를 조금 더 가까이에서 볼 수 있는 기회가 되기도 한다. 1장에서 관심 분야의 키워드와 주제를 체계적으로 관리하는 일에 대해 이야기했는데, 그것이 그 키워드와 주제에 관심 있는 저자의 리스트로 이어질 수도 있다는 말이다.

기획 초기 단계부터 책이 놓이게 될 맥락에 대해 많은 이야기를 나누는 것은 기본이다. 어떤 사람이 이 책을 재미있게 읽을 것인가, 누가 이 책을 사랑하고 홍보해 줄 것인가, 그중 어떤 사람들을 우리가 연결할 수 있을 것인가에 대해 고민하고 그 내용을 저자와 긴밀하게 공유한다. 또 내가 저자 관리 차원에서 가장 신경을 쓰는 부분은 원고 모니터링 과정인데, 이에 대해서는 다음 장에서 자세히 설명하겠다.

저자와의 상호작용은 편집자에게 가장 큰 즐거움 중의 하나지만 간혹 가장 큰 괴로움 중 하나가 되기도 한다. 우리는 대체로 활자 숭배자이기 때문에 원고를 거의 살아 있는 생명체만큼이나 예민하고 귀하게 여긴다. 이런 원고를 앞에 두고 이루어지는 소통은 원활할 경우에는 놀라울 정도로 창조적인 즐거움을 선사한다. 사적으로는 친분이 깊지 않은데도 저자가 원고에서 드러낸 어떤 측면에 대해 내가 가장 잘 이해하게 된다는 것이 유대감과 연대감을 만들어 내기도 하고, 간혹 내가 그 원고에 개입해 뭔가 중요한 변화를 만들어 냈다는 것이 또 놀라운 경험이 된다. 하지만 그렇게 긴밀한 소통인 만큼 복잡한 감정적 소모를 동반하기도 하고, 상처를 주고받기도 쉽다. 이런 종류의 저자-편집자 관계는 '단행본 쓰기'에 고유한 특징인 것 같다. 역시 다음 장에서 더 자세히 설명하겠지만 이것은 여러 종류의 1:1 관계 중에서도 매우 고차원적인 것이다. '단행본 쓰기'가 사라진다면 이 관계도 사라질 것이다. 이 관계가 오랫동안 건강하게 잘 살아남기를 바란다.

책 만드는 과정의 핵심, 텍스트와 소통하는 법

원고와 편집자 사이의 대화

바로 앞에서 책을 만드는 과정은 소통으로 이루어져 있고 그중 가장 핵심적인 소통이 저자와 편집자 사이에 이루어진다고 썼다. 조금 더 정확히 표현하자면 가장 핵심적인 소통은 텍스트와 편집자 사이에서 이루어진다. 기획 단계부터, 계약 단계, 원고 집필 단계, 교정·교열 단계, 홍보 및 마케팅 단계에 이르기까지 저자와의 소통이 광범하게 이루어지지만, 그중에서도 본격적인 편집으로 들어가기 전 원고에 대해 주고받는 의견이 가장 중요하다는 뜻이다. 대폭 수정을 거칠 것인지, 바로 교정·교열 과정으로 들어갈 것인지를 검토하는 과정인데, 거의 드문 경우이긴 하지만 심지어 출간 여부를 최종 결정하는 단계가 될 수도 있다. (수정 방향이 너무 근본적이면 수정이 되기보다 저자가 출간을 포기하는 경우가 생길 수도 있기 때문이다.) 이는 전통적인 출판에서는 원고에 의미 있는 변화가 대단히 많이 이루어졌던 단계이지만, 갈수록 축소되어 거의 멸종 위기에 처해 있는 단계가 되었다. 출판물이 점점 SNS에 올리는 일방적이고 주관적인 발화를 닮아 가는 데에는 이런 원인도 있을지 모르겠다. 달걀이 먼저인지 닭이 먼저인지 알 수 없지만, 이것이야말로 전문적인 출판과 취미로서의 출판을 가르는 가장 중요한 지점인 것 같기도 하다(노파심에 덧붙이지만 무엇이 더 좋다 나쁘다는 가치판단을 담지는 않았다).

특히 인문·사회 분야의 책에서 이런 소통은 가장 세밀한 언어로 이루어질 수밖에 없는데, 그것은 애초에 그 원고가 정교한 사유를 담고 있기 때문이다. 엄밀하게 쓰인 텍스트를 정밀하게 읽어 내는 것이야말로 이 일을 하는 데 필요한 최소한의 조건이라 할 수 있는데, 이런 소양을 나는 '텍스트 장악력'이라고 불러 왔다. 본론으로 들어가기에 앞서 정밀하게 읽는다는 것이 어떤 의미

인지 조금 짚어 보자.

제대로 읽기와 깊이 읽기

내가 가장 신뢰하는 독서가 중 한 사람인 월터 카우프만
은 『인문학의 미래』●라는 책에서 한 장을 할애해 읽기
의 여러 행태와 바람직한 읽기 방식에 대해 썼다. 인문
학에 관한 이야기이지만 사회 분야는 물론 모든 종류의
진지한 텍스트에 적용할 수 있다고 믿는다. 카우프만에
따르면 '읽을 만한 가치가 있는 텍스트'를 읽는 데 네 가
지 방법이 활용되어 왔다고 한다. 먼저 텍스트의 권위가
압도적인 읽기. '텍스트는 알고 나(독자)는 모른다'는 태
도다. 가령 설교를 위해 경전을 읽을 때의 방식이다. 다
음으로 '텍스트는 모르고 나는 안다'가 있다. 이는 앞의
"해석적 읽기"에 대비해 "독단적 읽기"라고 부를 수 있
다. 카우프만은 이런 교만한 독자를 이국적인 장소에 가
서 공항과 호텔을 오가는 차창 밖으로만 바라보고 "이
들이 우리처럼 뛰어난 문명과 기술을 가졌더라면 이런
저런 식으로 일을 하지는 않았을 텐데!"라고 탄식하는
것에 비유한다. 이런 겉핥기식, 부정적 읽기를 비판적

● Walter Kaufmann, *The Future of the Humanities; Teach-
ing Art, Religion, Philosophy, Literature, and History*, Trans-
action Publishers, 1995(Originally Published in 1977 by
Reader's Digest Press).

읽기로 오해하면 안 된다고 카우프만은 경고한다.{"이런 식이라면 이국적인 장소를 여행하는 것과 정말 다른 문화들을 방문하는 것이 무슨 소용이 있겠는가? 그리고 이런 정신으로 플라톤을 읽는 것이 무슨 소용이 있겠는가?"} 세 번째로는 "우리들은 모르니 진실에 대한 판단을 미루자"라는 태도가 있다. 카우프만은 이를 "불가지론적 독서"라고 부르는데, 이를 조금 더 세분화해서 살펴보면 골동품 애호가로서 그 문헌학적 가치에만 몰두하거나 혹은 심미주의자로서 문장의 세부적인 아름다움에만 심취하거나 현미경을 든 과학자로서 아주 부분적인 조각들만을 다루거나 검증하는 읽기 방식이 여기 속한다. 이제까지 살펴본 세 가지 독서 태도의 공통점은 역시 독자가 읽는 과정에서 '텍스트'와 진정으로 만나지 않으며, 문화적 충격을 겪을 가능성을 전혀 감수하지 않는다는 것이다. 카우프만에 따르면 "독서란 인문학의 심장이기 때문에, 이는 인문학을 점점 더 비인간화하는 결과를 초래한다."(59쪽)

마지막으로 카우프만이 "변증법적 독서"라고 부르는 것이 있다. 다른 말로 소크라테스적인 읽기, 대화적 독서라고 부를 수도 있는 방식이다. 이는 텍스트에 진리가 있다며 억지로 거기에 권위를 부여하려는 읽기나,

옛날에 쓰인 것이라(혹은 어떤 다른 이유로든) 텍스트가 틀렸다며 교만하게 단정하는 읽기나, 세부에만 집착해 책 전체의 의미를 읽어 내려고 노력하지 않는 읽기를 넘어서는 것이다. "우리들은 글이 우리에게 말을 거는 것을 허락해야 하고, 그 독특한 목소리에 귀를 기울여야 하고, 이것이 다른 모든 목소리들과 어떻게 다른지 섬세하게 구분하려 노력해야 한다. 우리는 글이 우리에게 도전하고 충격을 주고 화나게 하는 것을 허락해야 한다."(63쪽)

너무 이상적인 이야기처럼 들릴 수 있겠다. 하지만 나는 특히 전통적인 분야인 인문·사회 분야의 편집자라면 이상적인 독서의 상에 대해 누구보다도 강력한 믿음이 있어야 한다고 믿는다. 조금 더 구체적인 차원으로 내려와서 읽기에 대해 한 대목만 더 언급하고 넘어가고자 한다. 『다시, 책으로』라는 책에서 인지신경학자인 저자 매리언 울프는 '깊이 읽기'의 과정에서 우리의 뇌가 어떤 방식으로 움직이는지 더 쉽고 구체적으로 설명한다. 우선 뇌는 우리가 읽는 것에 주의를 기울이고(attend), 지금 읽고 있는 문장은 물론 그 문장이 포함된 단락과 책을 계속해서 기억할(remember) 뿐만 아니라 지금 입수되는 정보와 지식과 감각을 기존의 정보들, 곧 배경지식과 연결하고(connect), 그것을 바탕으로 추론하고(infer), 비판적으로 분석하고(analyze), 새로운 경지의 이해를 향해 도약한다(leap). 이 과정은 타인에 대한 이해와 공감을 가능하게 하고, 배경지식을 넓혀 주며, 비판적인 추론 능력을 길러 주고 성찰을 가능하게 하며, 그렇게 해서 민주주의의 기초가 되는 시민 정신을 주조해 내며, 때로는 그것을 혁신할 놀라운 통찰로 이끌기도 한다.

편집자가 읽는 법

서두가 너무 거창했다. 하지만 편집자는 가장 이상적인 독자이기도 하다는 점에서, 앞에서 설명한 제대로 읽기와 깊이 읽기를 편집자의 작업에 연결해 보는 것을 양해해 주시기 바란다. 우선 다른 독자와 마찬가지로 편집자는 텍스트의 일반적인 의미, 정보를 파악한다. 다음으로 그 텍스트만의 독특함과 차별성을 지성적인 수준과 감성적인 수준에서 모두 파악한다. 텍스트가 독자의 어떤 생각과 태도와 감정을 흔들고 위험에 빠트리는지까지 자각해야 한다는 뜻인데, 그러려면 당연하게도 스스로 그런 경험을 할 수 있어야 한다. 그에 더해 텍스트가 어떤 맥락에서 쓰였는지 나름의 지도를 그릴 수 있어야 하고, 어떤 현실을 배경으로 하고 있는지, 글이 조명하고자 하는 우리 사회의 어떤 측면에 대해서도 생생하게 이해할 수 있어야 한다. 물론 여기서 전제해야 할 것은 이 텍스트가 아직 '완전 원고'는 아니지만 곧 완전해지리라는 기대와 예상이 가능한 수준이어야 하리라는 것이다.

이렇게 텍스트를 주의 깊게 독대하고 (정서적으로 감각적으로) 자신의 배경지식을 총동원하고, 비판적으로 분석까지 마친 후에 편집자는 그 텍스트와 소통한 바를 저자에게 고스란히 전할 수 있어야 한다. 바로 이 지점이 좋은 독자와 편집자가 갈라지는 부분이다. 독자는 책과 깊이 만난 다음에, 마지막 대목에서 도약해서 뭔가 자유롭고 창조적인 순간을 만끽할 수 있다. 하지만 편집자는 그 단계에서 도약하는 대신 멈추어 선다. 그리고 자신의 읽기 과정을 모두 복기하고 기록한 후 저자에게 재연한다. 그리고 그 대화를 저자가 소화할 수 있는 시간을 준다.

이렇게 해서 텍스트 내부의 대화가 완성된다. 책 내부에서 일어나는 대화는 편집자와의 대화가 최종적이다. 텍스트는 저자의 내면에서 마치 기도를 닮은, 고독한 첫 번째 대화를 통해 완성된다. (사람들은 기도하는 법을 잊어버렸지만, 글쓰기를 통해 내 안에서 신 혹은 타자와 대화하는 법을 겨우 깨달은 것 같기도 하다.) 다음으로 전통적인 저작물은 두 번째 대화인 저자와 편집자와의 대화를 거친다. 물론 더 중요한 대화가 남아 있다, 책은 다 쓰인 이후 독자와의 대화라는 세 번째 대화를 통해 완성된다. 기자·서평가·연구자 등 모든 연계 업종의 사람들도, 그들이 아무리 잘 읽어낸다고 한들 두 번째가 아니라 세 번째 대화를 하는 사람이다. 세 번째 단계는 책의 결정적인 의미가 탄생할 수도 있는, 가장 중요한 대화이기는 하지만, 이것은 책 내부에 있는 대화가 아니라 책 바깥에 존재하는 대화다. 책 쓰기는 가령 강의나 대담처럼 청중이나 청자에게 들려지면서 완성되는 것이 아니라 먼저 완성되고 난 이후에 읽힌다. 전통적인 의미에서 모든 책은 저자에게서 독자에게로 바로 가는 것이 아니라 반드시 매개자를 거친다. 책은 독자와 상호작용하는 과정 이전에 그 자체로 '완결'되는 것이 목표이다. 저자와 편집자가 이를 인지하고 의식하는 것은 매우 중요하다.

원고 모니터링의 실제

원고 모니터링이란 텍스트와 전면적으로 만나는 것, 텍스트에 대한 존중과 같은 말이다. 통찰력이 필요한 작업이기도 하다. 완성된 책에서도 저자의 목소리를 제대로 포착하기가 어려운데, 완성되기 이전의 원고에서 처음부터 끝까지 관통해야 할 저자의 태도와 메시지를 찾아내서 그것이 뚜렷이 드러나도록 길을 트는 작업이 쉬울 리가 없다(이상적인 읽기에 이상적인 원고가 필요하다). 모니터링의 근본적인 목표는 저자의 문제의식에 깊이 공감하면서도 그것을 나나 독자의 문제의식과 엮어 내는 것이다. 원고가 주관성의 함정에 빠지지 않도록 하면서 동시에 저자의 생생한 목소리를 살려 내는 이런 작업을 편집의 핵심 중의 핵심이라고 생각한다. 통찰력과 함께 객관화 능력이 필요하다는 뜻이다.

앞 장에서 살펴보았듯이 다양한 편집자는 자신의 다양한 장점을 살려 좋은 결과물을 만들어 내기 위해 각각 다른 방식으로 저자와 탄탄한 파트너십을 유지한다. 정서적이거나 기질적으로 공감대를 형성하는 경우도 있고, 예의와 의전을 잘 갖추어 저자를 관리하는 경우도 있다. 홍보와 판매를 잘해서 성과로 강력한 신뢰를 만들어내는 경우도 있고, 출판 과정 전반에 걸쳐 꼼꼼하게 저자의 작업을 보조하고 지원하는 경우도 있다. 당연히 무엇이 더 좋다, 나쁘다, 더 효과적이다, 아니다라는 말이 아니다. 다 잘하면 제일 좋겠지만 하나를 잘하기도 어려운 것이 현실이다. 하지만 이런 다양한 소양이 두루 부족한 나조차도 텍스트를 읽고 목소리(태도와 메시지)를 열심히 찾아내려는 노력 하나로 20년 동안 큰 무리 없이 이 일을 해 올 수 있었다. 나는 오랫동안 책을 잘 만드는 일이 책을 잘 읽어 내는 데서 시작해서 거기서 끝난다고 생각했다. (물론 지금은 조금 더 복잡하게 이해하고 있기는 하다.)

설명을 계속하는데 점점 더 모호해지는 느낌을 지울 수가 없으니 실질적인 모니터링 과정을 살펴보자. 모니터링 작업을 내용적으로 크게 구분하면 다음과 같다.

① 저자의 핵심 질문(문제의식)이 적재적소에서 잘 드러나는지 볼 것.

② 저자의 관점과 태도가 일관된 톤으로 잘 드러나는지 보고, 일관성을 방해하거나 모호해지는 부분이 있는지 체크할 것.

③ 이야기나 논증이 적절한 위치에 삽입되어 있고

내용상으로도 흥미롭고 설득력 있는지 볼 것. 또한 있어야 할 부분이 생략되어 있거나 복잡하거나 모호해서 이해가 어려운지 볼 것. 이와 관련해서 다른 제안 사항들이 없는지 살필 것.

④ 유익한 정보들을 담고 있는지 볼 것. 혹은 쓸모없는 정보가 포함되어 있지는 않은지 확인할 것. 이와 관련해서 다른 제안 사항들이 없는지 살필 것.

⑤ 독자들에게 의도하지 않은 불쾌감이나 소외감을 야기하지 않는지 살필 것. 단 의도한 불편과 불쾌는 제외.

이 각각의 과정에서 좋은 부분을 표시하고 수정이 필요한 부분을 찾아내고 제안 사항을 추가하는 것이 모니터링 작업이다. 나는 15년 넘게 후배 편집자들에게 이 방법을 전파하고 있는데, 대체로 효과적이라고 반응했다. 간혹 모니터링을 과하게 하면 저자를 불쾌하게 하거나 불편하게 하지 않을지 걱정하는 이들이 있다. 하지만 원고와 진짜로 만난다는 것은 원고를 존중한다는 뜻이고, 모니터링 기록은 그 존중을 가시화하는 것이다. 저자들은 누구보다 정확하게 그 존중을 감지한다. 그러니 당신이 원고와 진짜로 만나는 한 크게 걱정하지 않아도 될 것이다.

원고가 아니라 책을 읽을 때에도 원래 사람들은 SNS에서와는 다르게, 내가 읽고 싶은 것들만 골라 읽을 때와는 다른 방식으로 읽는다. 입장과 경험과 느낌과 생각이 완전히 다른 사람의 책을 끝까지 읽을 수 있는 이유는 독자가 책을 신뢰하기 때문이다. 이것은 책을 쓰는 노력과 책이 만들어지는 노력에 대한 신뢰라고 할 수도 있을 듯하다. 또 그런 신뢰 자본이 풍족히 쌓인 이유는 바로 이 최초의 존중 어린 만남이 원고 안에 포함되어 있기 때문이라고 나는 생각한다. 책은 아직까지는 이런 신뢰 자원이 풍부한 매체다. 사람들은 책을 신뢰한다. 우리는 때로 그리고 갈수록 점점 더 자주 이런 신뢰 자원에 무임승차한다. 하지만 그런 무임승차가 계속될 때 이 자원이 언제까지 남아날지는 잘 모르겠다.

이야기가 또 새서 죄송하다. 다시 모니터링을 돌아와, 기술적인 설명이 도움이 될까 싶어 조금 더 덧붙여 본다. 내가 모니터링을 할 때는 우선 원고를 한 번 대강 훑어보면서 흥미로운 부분을 표시하고, 전체 구성이 잘 짜여 있는지, 즉 목차가 자연스럽고 효과적인지, 빠진 대목이나 중복된 대목은 없는지 보고 저자의 목소리를 확인한다. 이미 기획 단계에서부터 대충 감을 잡고 있지만 좀더 세부적으로 원고 전체에 걸쳐 드러나는지 특히 저자의 생각이 잘 정리되지 않아 상충하는 대목이 있지는 않은지 확인한다. 다음에 제대로 읽으면서 설명이나 근거가 더 필요한 부분, 사례가 필요한 부분을 체크하고 그와 관련해 제안하고 싶은 내용이 있으면 기록한다. 추가로 더 이야기가 이어져야 할 것 같은 부분이나 다루지 않은 소재들과 관련해서도 제안 사항을 정리해 본다. 마지막으로 읽을 때는 내가 놓친 것이 없는지 확인하고, 어렵고 모호한 문장들, 또 독자들에게 오해를 살 수 있는 표현들을 표시한다. 내가 가진 자료와 정보 중에서 저자가 참고하면 좋을 만한 것도 표시한다. 이 모든 것을 색깔별로 나누어 표시한다.

더 간단하게 요약하자면 처음 읽을 때는 좋은 부분을 중심으로 읽고 두 번째는 우려되는 부분을 중심으로 읽고 세 번째는 빠뜨린 것이 없는지 보면서 부수적인 것들을 챙기며 읽는다는 것이다. 물론 이것은 개인적인 사례일 뿐이고, 두세 번 하다 보면 저마다 자기에게 더 효과적인 방식을 찾을 수 있으리라.

모니터링의 결과

흥미로운 것은 같은 사람이 해도 원고마다 모니터링의
실제가 다 다르다는 점이다. 혹은 원고가 같아도 사람마
다 모니터링의 실제가 다 다르다. 이것이 바로 관계의
힘이 아닐까? 내 경우에는 어떤 저자의 원고를 모니터
링 하다 보면 늘 객관적인 정보보다 개인적인 경험을 언
급하게 되었던 것 같다. 아마 저자의 문장이 매우 성찰
적이어서 읽는 사람에게도 그런 반응을 이끌어 낸 것이
리라. 또 기억에 남는 것은 어느 박학다식한 저자가 매
우 공들여 쓴 원고였는데, 내가 알고 있는 배경지식과
그동안 읽어 온 책을 총동원해 그 어느 때보다도 촘촘히
의견을 달았다. 이런 경우에도 저자는 편집자가 허세를
부리는 것이 아니라 뭐라도 도움이 되려고 안간힘을 쓰
고 있다는 것을 잘 파악한다. (아니 더 솔직히 말하자면,
이전 다른 원고 작업이 늦어져서 최종 원고가 입고된 후
두어 달을 깔고 앉게 되었는데, 원고에 대한 기대가 높
던 저자가 화가 많이 나서 그 화를 가라앉히려고 무리를
했던 것 같기도 하다.) 내가 모니터링한 그 수많은 내용
중 대부분이 반영되지 않았지만, 후에 저자에게 무척 재
미있는 과정이었다는 이야기를 들었다. 또 어떤 저자는

내가 모니터링한 대목을 긴밀한 상의 후에 아예 본문에 넣고 인용 주를 달아 밝히기도 했다. 내 생각과 비슷한 원고보다는 내 생각과 다른 원고를 모니터링 했을 때가 더 긴장을 유지하기 쉽고, 더 나은 모니터링을 하게 되는 것 같기도 하다. 내가 재미있다고 표시해서 보낸 부분에서 정작 저자가 의외라는 반응을 보인 경우가 많았던 것도 흥미롭다.

이렇게 원고에 많은 것을 표시해서 보내면 저자는 대체로 여러 제안 중 10~20퍼센트 정도를 수용할 것이다. 저자가 소통을 무의미하다고 생각해서가 결코 아니다. 이미 저자가 거쳐 온 생각의 흐름을 고려하면, 그것이 애초의 완결성을 해치지 않으면서 수용할 수 있는 최대치라고 할 수 있다. 그 10~20퍼센트는 결코 적은 분량이 아닐 뿐 아니라, 질적으로 보다 중요한 변화일 수도 있다.

고작 이걸 바꾸자고 그렇게 많은 걸 표시해서 보냈나 하는 생각이 들 수도 있다. 하지만 그 이상은 편집자의 지나친 개입으로 원고를 손상시킬 가능성이 더 크다. 결과적으로 원고의 내용이 바뀌지 않더라도 저자가 이런 의견을 알고 있는 것은 매우 중요하다. 이전에 알았더라도 편집자라는 다른 사람의 눈으로 다시 확인받는 작업은 더더욱 중요하다. 편집은 이렇게 눈에 보이는 10~20퍼센트를 위해서 80~90퍼센트의 보이지 않거나 삭제될 노동을 감수하는 것이다. 이것이 낭비라고, 비효율이라고 생각하는 사람은 인문·사회 분야 출판에 적합한 편집자가 아닐 수도 있다. 편집 일에서 중요한 부분은 대체로 모두 이런 것이다. 눈에 잘 보이지 않는 노동. 독자는 물론 사장도, 심지어 때로는 저자도 잘 모르는 노동. 그렇지만 우리는 기억해야 할 과정. 이는 앞서 말한 책이 누리고 있는 '신뢰'라는 자원을 만들어내는 중요한 노동이기 때문이다.

{ 6 }

편집자는 자원을 파악하고
적재적소에 분배하는 사람

'선량하고 물정 모르는 편집자가 가장 나쁘다.' 4장의 내용을 이렇게 한 줄로 요약하며 6장의 이야기를 시작해 보려고 한다. 흔히 '저자 관리'라고 일컫는 일은 '저자를 독자와 연결시키는 일'인 동시에, '저자의 저작 인격을 정확하게 표현하고, 자연인으로서 저자를 보호하는 일'이다. (이에 대해서는 패키징 그리고 홍보에 관한 장에서도 다시 강조할 예정이다.) 이 일의 전제 조건은, 내가 저자에게 무엇을 해 줄 수 있고 무엇을 해 줄 수 없는지 명확히 파악하고 이에 대해 충분히 소통하는 것이라고, 역시 4장에서 썼다. 써놓고 보니 중요한 이야기라 조금 더 본격적으로 해 보려고 한다.

편집자의 일 전체를 한 줄로 요약하라는 요구를 받는다면 지금 당장은 이렇게 써보고 싶다. 편집자란 '가용 자원을 파악하고 적절하게 배치해서 지속적으로 책을 만들어 내는 사람'이다. 어떤 조건에서든 기획(계획)을 현실화하는 사람이라는 말이기도 하다. 아마 1인 출판사 혹은 인력을 최대한 외부화하려는 출판사가 늘어나는 환경에서 이 말은 점점 더 중요하게 받아들여지게 될 것이다. 편집자의 일이 원래 명확하지 않은데다가 회사마다 팀마다 개인마다 많이 다를 수 있지만 이것 하나는 공통적으로 적용할 수 있다는 말이다.

나는 다른 어떤 직업군의 사람보다 책 생태계에 종사하는 사람을, 그중에서도 편집자를 신뢰한다. 모든 직종의 사람이 동종 업계의 사람에게 이렇게 느끼는 것일지도 모르겠고 비합리적인 믿음일 수도 있지만, 나는 이런 신뢰에 꽤 객관적인 근거가 있다고 생각한다. 일단 편집자란 뜬 구름을 잡는 말로 이러쿵저러쿵 하는 사람이 아니라 실제로 무언가를 계속해서 하는 사람이다. 하는 일의 특성에 '수공업적 요소'가 있다 보니 여타 사무 관리직종에 비해 옆 사람에게 '묻어 가는' 이들의 비율이 적고, 주인공의 자리에서 빛나는 종류의 일이 아니다 보니 소처럼 묵묵히 드러나지 않는 온갖 잡다한 업무들을 다 책임지고 해내는 사람들이 많다. 또 편집자는 기본적으로 섬세하고 신중하다. 공장에서 상품을 찍어 내는 종류의 일이 아니라 타인의 이야기를 듣고 읽고 잘 소화해서 더 잘 전달되도록 하는 일이다 보니 조심스럽고 신중할 수밖에 없는 것이다. 게다가 이 일을 정말로 '좋아하지 않는' 사람이 진입하기 쉽지 않기 때문에, 가끔씩 매너리즘에 빠지는 경우는 있어도 애초에 영혼 없이 일하는 사람도 드물다. 객관적인 처우가 보편적으로 매력적이지 않기 때문에, 즉 경제적 보상이 큰 일이 아니기 때문에, 역설적으로 일의 내용이 매력적 요소가 된 것일 수 있다는 점에서 좋은 일인지 나쁜 일인지는 모르겠다.

그렇지만 이렇게 훌륭한 편집자가 간혹 일의 현실적인 조건에 대해 다소 둔감한 모습을 보일 때가 있다. 작업 매뉴얼을 명확히 가지고 있지 않은 출판사도 꽤 많다. 사업장이 영세하기 때문이라고 넘어갈 일이 아니다. 규모만 크고 시스템은 빈약한 출판사도 많다. 규모가 크지 않아도 원칙과 시스템을 잘 갖춘 출판사가 좋은 성과를 내는 이유이기도 하다. 어크로스 출판사를 후자의 예로 들 수 있을 듯하다. 내가 겪은 많은 선배와 동료 중에서도 이런 능력이 탁월한 분들은 지금도 업계에서 역량을 발휘하고 계신 것으로 보인다(가령 메멘토 출판사나 클 출판사 같은 곳). 나는 이런 출판계의 동료·선후배를 통해 W사, K사, C사 같은 큰 출판사의 각종 업무 매뉴얼을 일별할 수 있었고, 그것이 시스템에 대한 감각을 키우는 데 큰 도움이 되었다.

편집자는 출판을 둘러싼 많은 직종의 사람 중 누구보다도 가시적인 조건·환경은 물론 비가시적인 조건·환경에 예민한 사람이어야 한다고 생각한다. 앞서 '자원'이라는 말을 썼는데, 출판계 안에서 활용 가능한 자원을 조금 더 구체적으로 떠올려 보면 자본(돈)·브랜드(인지도와 이미지)·구간(백리스트)·기획력·편집력(패키징 능력)·팀워크·소통 능력·타 매체와의 협업 능력·홍보 및 마케팅 역량·디자인 감각·제작 노하우·유통 네트워크·제작 및 구간 관리 능력 등과 자신이 속한 회사의 비전과 방향, 일하는 방식 및 시스템 등이 모두 포함된다고 볼 수 있겠다. 편집자는 근거와 기준을 마련하고 협의를 주도해야 하는 사람이다. 저자·번역자·디자이너·마케터·외주 교정자·일러스트레이터 등과 협업할 때 이런 자원들에 대한 구체적인 감각이 바탕에 깔리면 투명하고 합리적인 소통에 도움이 되지 않을까.

정확하고 세부적인 프로세스는
큰 그림에서 나온다

상대방의 입장에서 생각할 수 있다는 것은 큰 그림을 그릴 수 있다는 뜻이다. 이 책에서 기대와 달리 다소 뜬금없는 큰 이야기들이 많이 나온다고 느끼신다면, 그것이 바로 내가 말하고자 하는 바임을 이해해　주시기 바란다. 기질적인 차이일 수도 있겠지만, 나는 사회 분야뿐 아니라 어느 책을 만들든 구체적이고 실용적인 팁들이 생각만큼 큰 비중을 차지하지 않는다고, 오히려 더 많은 부분이 꾸준히 전체적인 그림과 맥락에 대해 고려하는 일로 이루어져 있다고 느낀다.

　누군가의 머릿속에 있는, 책에 관한 아이디어를 현실화하기 위해서 편집자는 그것이 얼마만큼의 독자를 모을 수 있는지 가늠할 수 있어야 하고 또 그러기 위해서 얼마만큼의 자원을 확보해야 하는지, 우리가 가진 자원이 얼마이고 각각의 협업자는 얼마만큼의 대가를 취할 수 있는지, 우리 역시 그 작업에서 얼마만큼의 수익을 얻을 수 있을지 큰 그림을 그릴 수 있어야 한다. 이 그림 역시 매우 디테일하면서도 호기로워야 할 텐데, 각각의 작업에서 계산이 서야 하는 동시에 단기·중기·장기로도 계산이 서야 하기 때문이다.

사회 분야뿐 아니라 어떤 분야든 편집자가 이렇게 전체 그림을 그려야 한다고 강조하는 이유는 편집자가 항상 새로운 조건에서 새로운 방식으로 일해야 하는 사람이라서 그렇기도 하다. 책 한 권을 만들 때마다 모든 조건이 '리셋'된다. 심지어 같은 저자의 다음 책을 만들 때도 이전과 똑같이 작업할 수 없을 때가 많다. 똑같은 물건을 계속해서 만들어 내는 일과는 질적으로 다르다. 일의 규모도, 기간도, 비용도, 매출도, 작업 내용도, 작업 방식도, 소통 방식도 매번 세부적인 조건들이 바뀌는 일을 잘하려면 세부적인 팁을 적용하는 것만으로는 부족하다. 세세한 규칙이 필요하지 않다는 뜻이 전혀 아니다. 그 반대다. 규칙이 매우 중요하고 체계성을 세우는 것이 매우 중요한 종류의 일인데, 그 시스템과 규칙을 내가 원리부터 깨닫고 계속해서 조정하고 만들어 내야 하는 종류의 일이라는 뜻이다. 내가 지금 무슨 일을 하고 있고, 현실적인 조건과 목표가 무엇인지 되짚어 보는 습관이 중요하다는 사실을 날이 갈수록 더 실감하고 있다.

장기적으로 지속하기 위한 비용과 수익, 투자와 회수의 감각

앞에서 언급한 출판사와 편집자의 모든 자원을 다 다룰 수는 없고, 그나마 쉽게 어림잡아 볼 수 있는 대략의 생산량과 판매량에 따른 비용과 수익에 대해서만 그림을 그려 보려고 한다. 평균치를 잡는 것은 불가능하지만, 인문·사회 분야 출판사 중에서 작고 효율적인 회사를 하나 떠올려 보자. 더 큰 회사도 이 정도 규모의 팀이나 분사 또는 임프린트로 나누어져 있으므로, 이 정도 그림을 그려 보는 것이 구체적인 그림을 떠올리는 데 도움이 되리라 생각한다.

가령 우리 회사 혹은 우리 팀이 1년에 약 15~20종을 출간한다고 생각해 보자. 기획·편집·홍보·마케팅·디자인·오퍼레이팅·회계·관리·제작 등에 총 5명의 고정 인력과 다수의 외주 인력을 활용한다고 가정한다. 그러면 편의상 비용을 다음과 같이 거칠게 나눌 수 있다. 원가와 고정비용(인건비를 포함한 각종 고정적인 운영비와 순제작비)으로 매출액의 약 60퍼센트, 홍보와 마케팅을 포함한 영업 비용으로 약 15퍼센트, 인세로 15퍼센트(정가 대비 10퍼센트인데 출고율을 70퍼센트 안팎으로 잡으면 대략 이 정도다). 그럼 출판사에는 매출액의 약 10퍼센트가 이익으로 남는다.

15,000원짜리 책을 15종 이상 출간해서 10억 원이상의 매출을 내려면(출고율은 편의상 70퍼센트 안팎) 종당 7천 부 정도가 팔려 7천만 원의 매출을 일으켜야 한다. 하지만 모든 책을 고르게 5천 부 이상 파는 것은 사람들이 생각하는 것보다 훨씬 더 쉽지 않다. (여기서 종수를 늘리거나 아니면 오히려 한두 종에 집중하거나 아니면 아예 투입 비용을 줄이거나 책의 가격을 올리거나 심지어 매출 규모를 줄이는 다양한 선택지가 발생한다. 다시 강조하지만 이하의 시뮬레이션은 이중에서 임의로 선택한 하나의 그림일 뿐이다.) 그래서 다음과 같이 생각해 볼 수도 있다. 연간 판매량이 3만 부가 넘어 마케팅 역량이 크게 요구되는 도서 1종 이상, 연간 판매량이 1만 부 이상인 도서 2종 이상, 연간 판매량이 5천 부가 넘어가고 꾸준히 계속 팔리는 도서 5종 이상, 연간 판매량이 손익분기를 넘기는 의미 있고 재미있는 도서 5종 이상, 손익분기를 넘기지 못하는 실험적인 도서 2종 미만. 이렇게 하면 매출이 겨우겨우 10억이 될까 말까 한다.

이것도 쉽지 않을 것 같은데, 이렇게 해도 뭔가 건강

하게 굴러간다는 느낌보다는 매우 허덕인다는 느낌이 들 것이다. 다행히 출판에는 구간이라는 것이 있다. 역시 분야·출판사·개인별 차이가 크지만 시작한 지 5~7년 정도 된 출판사이고, 구간 매출이 연 3.5~4억 원 정도인 상황이라고 역시 거칠게 가정해 보자. 어차피 모두 가정이니, 연간 1만 부 이상 판매된 책이 모여 5년 차쯤에는 연 2억 원 정도의 매출을 일으키고,● 5천 부 이상 판매된 책 역시 매년 2억 원 정도의 매출을 일으킨다고●● 가정하는 것이다. 이런 책들의 종수는 당분간 매년 늘 것이다. 사라지는 책보다 새로 유입되는 책이 많으리라는 뜻이다. 물론 무한히 늘어나지는 않을 테고, 최근에는 건강한 구간이 줄고 책의 수명도 줄고 있는 형편이기는 하다. (인문·사회 분야의 가장 큰 문제라고 생각한다.)

어느 해인가 1만 부 이상 판매되는 책이 많이 출간되면 숨을 돌릴 수 있을 것이다. 어느 해인가 5만 부 이

● 매년 이 카테고리에 해당하는 책이 3종씩 추가되고 각 책의 수명을 출간 다음해부터 5년으로 잡고 다음해 3천 부, 그다음 해 2천 부, 그다음 해 1천 부, 그다음 해 500부, 그다음 해 300부 판매되는 것으로 잡았다. 하지만 전통적으로 인문·사회 분야 스테디셀러는 이보다 건강한 생애주기를 갖는다는 점을 덧붙인다.
●● 매년 이 카테고리에 해당하는 책이 5종씩 추가되고, 각 책의 수명을 5년으로 잡고 다음해 2천 부, 그다음 해 1천 부, 그다음 해 500부, 그다음 해 300부, 그다음 해 200부 판매되는 것으로 잡았다.

상 판매되는 책이 나와 준다면 회사에서는 신규 인력을 채용하거나 하드웨어에 투자하거나 업무 환경을 큰 폭으로 개선할 수도 있을 것이다. 거꾸로, 집중적으로 마케팅한 '큰 책'이 줄줄이 매출 목표를 달성하지 못해 힘들어지는 시기도 있을 것이다. 하지만 염두에 둘 것은 예외를 용납하지 않는 방식이 아니라, 내가, 우리 팀이, 우리 회사가 어떤 장기적인 사이클에 합의할 것인가 하는 문제다.

사실 3만 부 이상 판매되는 책과 1만 부 이상 판매되는 책은 5천 부 이상 판매되는 책이나 손익분기를 넘기는 책과는 접근 방법이 매우 다를 수밖에 없다. 기획부터 패키징, 홍보와 마케팅, 관리 방법에 이르기까지 모두 다르다. 우리 브랜드가, 우리 팀이, 나 자신이 어떤 강점과 자원을 가지고 있느냐에 따라 분포는 달라질 수밖에 없다. 비용의 흐름을 파악한다는 것은 자원의 흐름을 파악한다는 것과 떨어질 수 없다. 그러니 이런 그림을 그리자는 것이 매출을 많이 내자는 말은 아니다. 오히려 나와 우리 팀과 우리 회사가 어떤 사이클을 만들지를 파악하자는 말이다. 여러 번 반복해서 말하지만, 위의 그림은 모두에게 적용되어야 하는 것이 아니다. 가령 저런 그림을 계속 염두에 두는 것은 오히려 5천 부 미만으로 팔릴 것이 분명하지만 꼭 내고 싶은 책을 내기 위한 조건과 환경을 파악하고 준비하는 데 더 유용할지도 모르겠다. 연간 발행 종수를 절대로 15종 이상으로 늘리고 싶지 않은 입장에서 그려 볼 만한 그림이기도 하다. 또 어느 정도 규모를 갖춘 팀으로 일하기 위한 그림일 수도 있다.

내가 사장이나 팀장이 아니더라도, 3년차 이상의 고유 영역을 확보한 편집자라면 머릿속으로 전체적인 시스템과 그 작동 방식 및 흐름을 정리하고 있는 것이 자연스럽다. 그래야 내가, 우리 팀이, 우리 회사가 할 수 없고 하지 않아야 하는 일을 신속하게 판단할 수 있다. 그리고 무엇을 할 수 있을지만큼이나 무엇을 할 수 없는 지에 대한 판단은 중요하다. 아직 이런 그림이 명확하지 않은 편집자라면, 지금 일하고 있는 출판사의 전체적인 비용의 흐름을 파악하고 우리 팀과 나의 목표를 점검해 보자. 경력이 많지 않은 편집자가 매출에 대한 책임을 져야 한다는 말이 아니다. 실제 매출은 구조와 훨씬 더 연관이 있기 때문에 이에 대한 책임은 전체 구조에 대한 권한을 갖는 이가 지는 것이 맞다. 다만 기획자로서 자율성을 가지고 일을 하려면 이런 계산이 애쓰지 않아도 자연스럽게 되어야 한다는 말이다. 개인과 팀 전체, 회사 전체의 목표와 전략은 투명한 협의를 통해 계속 수정하는 것이 바람직하다고 생각한다. 스스로가 거기에 어떤 합당한 의견을 낼 수 있는 구성원인가 생각해 보자는 말이다.

다시 한 번 오해를 피하기 위해 강조한다. 내가 지금 하고 있는 이야기는 단순히 회사의 재무 상태를 정확하게 파악하라는 것과는 다르다. 재무 상태를 회계 담당자만큼이나 정확하고 세세하게 파악하고 있다고 해서 전체 그림을 바탕으로 무엇이 바람직한지 어떤 전략이 필요한지 판단하고 설명할 수 있는 것은 아니다. 전체 그림을 그린다는 것은 비용과 자원의 구조에 대해 비판적이고 창의적으로 고민한다는 말에 가깝다.

최고의 브랜딩은 리스크 관리

이렇게 전체 그림을 그리고 시스템을 비판적으로 그리고 창의적으로 해석할 줄 알고 변용할 수 있다면, 협업의 기본기가 잘 갖추어졌다고 생각할 수 있을 듯하다. 협업의 세부적인 내용은 각각의 장에 나누어서 이야기해야 할 정도로 다양하다. 저자와 일할 때도 그 저자에게 필요한 것이 무엇이고 내가 줄 수 있는 것이 무엇인지, 저자가 제공할 수 있는 것이 무엇이고 내가 부족한 자원이 무엇인지 생각해야 한다고 썼다. 팀 안에서 팀장이나 책임자와 소통할 때에도, 디자이너와 일할 때에도, 번역자·외주 편집자·홍보팀·마케터와 일할 때에도, 에이전시·제작부·제작처·서점이나 언론과 협업할 때에도, 이러한 감각이 기본이 된다.

편집자가 자기 영역이 확고해질수록 잘해야 하면서도 어려워지는 분야는 텍스트를 이해하는 것도 아니고 책을 파는 것도 아니고 각종 비용을 협의하고 책정하는 일인 것 같다. 원고에 어떤 자원을 투자해서 어떤 꼴로 만들어 낼지 매 순간 정교하게 판단하고, 그 일을 할 수 있는 사람을 섭외해서 비용을 협의해 내는 일 말이다. 본문과 표지의 디자인 업무처럼 평균 단가가 정해져 있는 일 외에도 조건과 비용을 협의해야 할 일은 수도 없이 많다. 이 과정만 효율적이 되어도 많은 일들이 간단해지고 많은 리스크들이 사라진다.

몇 가지 대표적인 사례들만 언급해 보겠다. 외서 검토를 맡기면서 검토비를 지급해야 하는 경우, 회사에서 어느 정도 정해진 기준이 있겠지만, 그것이 왜 그렇게 정해졌는지, 적절한 금액인지, 일의 양은 어느 정도인지, 어떻게 해야 효율적인지는 모두 개별 상황에 따라 다르다. 이때 편집자는 이 타이틀은 이런저런 이유로 이런저런 검토자에게 검토를 맡겨야 하고 그때 작업의 내용은 어떤 부분을 포함해야 하며 이 정도의 비용이 적절하겠다는 판단을 하고 실행에 옮겨야 하는 사람이다. 검토자에게 설명하고 설득해 낼 수 있는 능력도 필요하다. 외서 검토 양식도 그에 맞춰 계속 업데이트해 나갈 수 있어야 한다. 양질의 검토가 이루어지면 이후 번역·편집·홍보 과정 전반에서 효율화가 일어난다. 번역료를 협의하거나 외주 편집 비용을 계산하는 경우도 그렇다. 디자이너야 작업 단가에 대한 기준을 가지고 있기 때문에 수월한 경우가 많지만, 일러스트 발주 비용·사진 사용료 등 대체로 작업 조건들을 합리적인 수준에서 협의해 내는 것이 이 직업의 핵심이 아닐까 싶을 정도로 편집자의 일에서 큰 부분을 차지한다. 여기서 팀이나 회사가 처음부터 분명한 원칙과 체계를 정하고 판단 기준을 공유하고 소통해 나간다면 막대한 비용이 절감될 수 있다. 체계성, 즉 시스템에 대한 감각은 리스크 관리로 이어지고 리스크 관리는 그대로 브랜딩(브랜드에 대한 신뢰)으로 이어진다. 브랜딩은 아시다시피 홍보와 마케팅에서 가장 중요한 영역이다.

이렇게 큰 그림을 그릴 수 있게 되면 이제 편집의 프

로세스도 세부적으로 고려할 수 있게 된다. 다음 장에서는 편집자가 하는 일을 시간 순으로 처음부터 끝까지 하나의 프로세스로 설명해 보겠다.

실제 편집의 과정

앞서 큰 이야기를 많이 했으니 이제 구체적이고 세부적인 과정을 들여다보려 한다. 책이 만들어지는 과정에 따라 목차를 구성한 탓에 아래 항목 중 기획·저자 관리·원고 모니터링은 앞서 다룬 내용을 정리한 것이 될 테고, 편집 과정·디자인·홍보·마케팅·구간 관리 등은 뒤에서 다룰 내용의 예고편이라 볼 수 있겠다.

특별한 이야기가 아니라, 편집자라면 이미 잘 알고 있을 과정들이다. 그렇지만 역시 회사, 팀, 개인마다 방식이 조금씩 다르니 다양한 방식을 비교해 보고 상호 보완할 점을 찾아보는 것이 도움이 될 것이다. 나 역시 여러 회사를 거치며, 여러 회사를 거친 선배에게 배우며,

여러 후배를 통해 검증하며 다듬어 온 내용이고 앞으로
도 계속 업데이트해야 할 자료라고 생각하고 있다. 대
체로 팀 내, 회사 내에서 어떻게 소통하고 어떻게 의사
결정을 하며, 권한과 책임이 어떻게 아래에서부터 위로,
위에서부터 아래로 흐르며 상호 보완되고 강화되는지
명확히 하는 내용이라고 보면 된다.

기획 및 계약 진행

① 아이템 기획과 저자 섭외

— 자율적이고 적극적으로, 책임감 있게 진행한다. 회
  사나 팀의 백리스트와 어떻게 연결될 수 있는지 고
  민하고 다른 팀이나 다른 회사와 충돌할 만한 부분
  이 없는지 고민하면서 진행한다.

— 회사에서 어떤 지원을 받을 수 있는지 파악하고 잘
  활용한다. 구체적으로 보자면, 접대비나 판공비는
  어디까지 쓸 수 있는지, 회사의 책은 어느 정도 사용
  할 수 있는지, 관련 강의를 들을 경우 수강료 지원이
  가능한지, 어디까지 근무 시간으로 봐야 하는지, 참
  고 도서는 얼마나 구입할 수 있는지 등등을 정리해
  둔다.

- 회사의 소통 툴을 통해 어느 시점에 누구와 공유해야 하는지 정확히 이해하고 움직인다. 보통 아이디어 단계에서 팀장이나 편집장의 승인을 받아 시작하고 간단한 자료를 만들 수 있을 때 마케팅부, 대표 등 회사 전체적으로 공유한다. 기획안을 개인적으로, 팀 내에서, 회사에서 어디에 어떻게 아카이빙 할지 툴이 정해져 있으면 좋다.

- 계약 이전부터 번호를 매겨 관리하는 것이 좋다. 계약 이후부터 비용을 관리하면 아무래도 누락되는 부분이 생긴다. 이것을 개발 비용으로 광범하게 정의하지만, 실제로 계약이 성사되는 경우에는 이후에 책별로 세분화해서 찾아볼 수 있도록 해 두는 것이 낫다.

- 외서의 경우 담당자를 정하고 시간을 정해서 각종 뉴스레터와 라이츠 가이드 등을 일차적으로 선별하면 효율성을 높일 수 있다. 검토 배분까지 담당자가 하는 편이 효율적이다. 직접 검토할지, 팀 내 관심 있는 편집자에게 넘길지, 외부 검토자에게 검토를 받을지 관심 정도에 따라서 판단하고, 외부 검토를 맡길 경우 검토비와 검토 내용에 대해서도 가이드라인을 가지고 협의한다.

- 편집장과 대표 역시 예비 저·역자 미팅 후 그 내용에 대해 팀원들과 수시로 공유하는 것이 좋다. (휴머니스트가 오래전부터 이런 정보를 투명하고 상세하게 공유하고 관리했던 것으로 기억한다.)
- 기획 단계에서 마케터에게 조사를 요청할 때는 최대한 구체적으로 한다. 가령 관련 도서 중 가장 유의미한 유사 도서를 뽑아 마케팅 방식과 판매 동향을 정리하거나, 관련 분야 도서 시장이 어떻게 움직이고 있는지 정리하는 것이다. 가령 빈곤 관련 주제에 관한 책이라면 사회 분야 중에서도 이 분야 어떤 신간들이 얼마나 나와 있고 구간의 수명은 얼마나 되며, 어떤 책들이 얼마나 팔리고 어떤 책들이 얼마나 안 팔렸는지를 살피는 것이다. 특정 마케팅 방식의 효율성을 유추하는 작업도 필요하다. 가령 하나의 참고 도서가 다양한 마케팅을 실행할 때 언제 효과가 있었고 언제 효과가 없었는지를 타임라인을 두고 추측해 보는 것이다.
- 기획안이 완성되면 전체 협업자들에게 공유하고 계약을 진행한다.

② 계약서 작성과 사후 관리

- 우리 회사 계약서의 내용을 의도까지 정확히 이해하고 저·역자, 관련 작업자에게 설명할 수 있어야 한다. 신입 직원 교육 때 계약서 교육도 진행하는 것이 좋다.

- 계약 전에 대강의 손익 분기 자료를 반드시 뽑아 앞장에서 말한 비용과 자원을 그려 본다.

- 계약 조건은 기본적으로 회사의 통상적인 가이드라인에 따라 저자의 특성과 작업 난이도 등을 고려해 담당자가 세부 항목을 조정하는 편이 효율적이다. (기획 인세·그림 저작권 인세·번역 인세 등 완전 원고에 필요한 모든 요소의 인세를 총합해서 원칙적으로 10퍼센트를 초과하지 않도록 설정하는데 예외적인 경우에도 12퍼센트를 초과해서는 안 된다. 외부 기획일 경우 기획 인세 1~2퍼센트 정도, 도판 혹은 사진이 중요할 경우 2퍼센트 이내에서 인세를 설정할 수 있는데 이 경우 매절 금액에 못 미치더라도 적절한 선에서 선인세를 지급한다.) 모든 예외적인 경우 담당자가 안을 내고 의사 결정권자와 긴밀하게 상의한다.

- 도서별 파일을 만들어서 계약서 사본·계약 조건 산

출 자료·손익 분기 자료 등 계약 관련 서류부터 기획 단계부터 편집, 홍보에 이르기까지 중요한 이메일·참고 자료·각종 서식 등을 전자 파일뿐 아니라 문서로 보관하는 것이 좋다. 인수인계도 이 파일을 통해서 할 수 있도록 하는 것이 바람직하다.

— 계약서 원본은 가능하면 별도의 계약서 원본 보관 파일에 보관하고 회계나 관리 담당자가 관리하는 것이 효율적이다.

— 2차 저작권 사용에 대해 미리 협의하되 변동이 많이 생길 수 있는 영역이므로 구체적인 계약 내용은 추후에 별도로 작성한다.

— 계약서 양자 서명이 완료되면 계약 조건을 요약해서 회사 전체 소통 툴을 통해 팀 내 다른 동료나 지원부서 동료가 접근 가능하도록 공유한다.

— 계약금 지급 일정은 계약서 서명 당시 저·역자에게 반드시 고지한다. 계약금이 나가는 시기, 선인세가 나가는 시기, 책 출간 후 실제 인세가 정산되는 시기를 잘 파악하고 회계·경리 담당과 편집자가 크로스 체크한다.●

● 개인적인 콤플렉스가 묻어나는 대목일 수도 있어서 각주로 첨언하자면, 나는 돈 얘기를 뒤로 미루는 사람을 신뢰하지 않는다. 저·역자만이 아닌 모든 협업자에게 작업비를 가장 먼저 알리고 협의하는 행위는 내가 지키려고 노력해 온 유일한 '의전'의 방식이었다. 자기도 모르는 사이 어디선가 돈이 솟아나는 사람들에게

원고 집필 일정 및 마감 관리

— 출간 일정에 맞추어 저·역자와 지속적으로 접촉하며 원고 진행을 독려한다. 마감이 늦어질 것으로 예상되는 경우 혼자서 고민하지 않고 팀장이나 편집장에게 바로 협조 요청하여 회사 차원에서 관리한다. (내가 워낙 이런 일을 못해서 그런지 마감 독려가 담당 편집자 혼자서 감당하기에는 비효율적인 업무라고 생각해 왔다.)

— 집필이나 번역 틈틈이 기획 의도가 충분히 반영되고 있는지 확인한다. 집필 과정에서 방향이 바뀌는 것은 자연스러운 일이지만 그 경우에도 편집자가 인지하고 있어야 한다는 뜻이다. 완전 원고가 들어오더라도 모니터링 작업을 통해 기획 콘셉트에 더 가까워지도록 원고를 수정하는 과정을 거칠 수 있다.

— 신규 필자의 논픽션이나 주제 중심으로 기획된 논픽션인 경우 원칙적으로 반드시 계약 전에 샘플 작업을 진행한다. 이때 계약으로 이어지지 않으면 당연히 비용을 지불해야 한다.

돈 얘기는 불순하고 부수적인 이야기일 수 있지만 정직한 노동으로 돈을 모아 살아가는 사람에게는 (가장 중요한 것은 아니더라도) 가장 기본적인 정보다. 이런 태도가 특히 세대에 따라 나뉜다는 점은 시사적이기도 하다.

— 그림·사진·지도·도표·기타 부록 등이 중요한 비중으로 들어가는 경우 특히 일정을 잘 조율해야 한다. 전문서의 경우 그림과 사진 등 모든 내용물은 원고에 포함되어 저자가 저작권 처리와 데이터 입수 등을 책임지는 것이 원칙이지만 대중서의 경우 편집자가 일러스트 또는 사진 도판을 발주하는 경우도 많다. 이 경우 텍스트 원고 마감 이후에 본격적인 작업이 시작되면 일정이 많이 지연되므로 미리 일정을 확인한다.

교정·교열과 디자인 작업

① 원고 입수 후 교정·교열의 밑준비

— 편집기획안 및 편집일정표를 책임자(팀장, 편집장)와 상의해서 확정한다. 출간 일정은 시장 상황을 고려해서 전략적으로 짜야 한다. 편집기획안은 기획안을 수정·보완한 것이다.

— 담당 디자이너·마케터에게 일정과 원고를 공유하고 소통한다.

— 디자이너에게 작업을 의뢰한다. 표지와 본문을 모두 포함해서 발주하는 것이 원칙이지만 먼저 본문

레이아웃 시안을 발주하고 이후에 표지디자인 의뢰서를 보내는 일도 종종 있다.

— 판형과 본문 판면을 설계할 때 핵심 독자들의 편의성과 만족도, 손익 계산을 고려해 판형 및 판면·색도 등 대략적인 사양을 결정한다.

— 교정·교열을 조판 이후에 시작하느냐 조판 이전에 파일 상에 초교를 보느냐는 원칙과 상황에 따라 달라진다. 다만 최근에는 효율적인 진행을 위해 조판용 원고를 준비(복합 명사·보조 용언 등의 띄어쓰기 전체 교환, 주 조정, 특수 문자·한자·인용문, 부–장–중–소 제목의 체제를 통일)하면서 파일 상에 초교를 보는 경우가 많다. 교정지가 수정 및 변화의 과정을 더 완벽하게 보존하지만, 작업이 중복될 수 있고 보관이 어렵다.

— 인쇄에 적합한 질의 도판과 캡션을 저자로부터 제공받은 후에 조판을 하는 것이 원칙이지만 도판의 질을 높이기 위해서 삼교까지 계속 보완한다.

② 초교, 재교와 동시에 진행할 일들

— 초교에서 내용 수정·문장 수정·통일 원칙을 최대한 잡는다. 90퍼센트를 목표로 하면 60~70퍼센트

정도가 잡힌다고 배웠으나 정말로 그런지는 모르겠다. 50퍼센트 이상을 초교에서 다 잡아야 3~4교 안에 교정·교열을 끝낼 수 있다는 것은 확실하다.

— 교정·교열을 외부 교정자에게 맡길 경우 샘플 교정지와 회사의 표기 원칙 가이드라인을 제공하고, 가능한 한 작업의 범위를 명확히 해서 맡기는 것이 좋다.

— 저·역자 교정은 통상적으로 초교 후에 한 번, 그리고 OK교 직전에 한 번, 두 번 보는 것이 원칙이다. 저·역자 교정 발주 시 수정 입력 완료된 원고(파일 혹은 교정지)에 중요한 수정 사항과 문의사항을 표시해서 발송한다. 저·역자 교정 수정 시에는 반드시 담당자가 확인한 후 수정 입력을 발주한다.

— 초교나 재교 완료 후 제목안(제목, 부제, 메인 카피)을 뽑아서 1차 회의를 한다. 마케팅부와 다른 부서에서도 의견을 받는다. 이때 마케터에게 서점 모니터링을 부탁할 수 있다. 책임자 컨펌을 받아 확정한다.

— 디자이너에게 확정된 제목과 함께 표지 디자인 시안을 요청한다. 보통 발주 후 1개월 안에 시안이 나온다.

— 추천사나 해제·감수 등을 요청한다.

③ 삼교 이후 패키징과 홍보 준비

— 인문·사회 분야의 책은 통상 3~4교 이후 OK를 진행한다. OK는 담당자 OK와 책임자(팀장·편집장·주간 등) OK로 두 번에 걸쳐 이루어진다.

— 도판, 인용 등의 저작권 처리가 잘 완료되었는지 확인한다.

— 홍보 담당, 마케터에게 마케팅(세부) 기획서 작성을 의뢰한다.

— 손익 분기 자료를 정확하게 업데이트 한 후 마케팅 회의에서 초판 부수와 가격, 홍보·마케팅 내용과 일정을 확정한다. 확정을 이때까지 해야 한다는 뜻이고 홍보 및 마케팅 전략 및 방안은 기획부터 편집 작업 내내 수시로 소통이 되어야 한다.

— 저자 서문·역자 후기·해제·연표·찾아보기·참고 문헌·추천사·기타 부록 등 부속물을 확인한다. OK 교 전까지 모두 입고되도록 한다.

— 제목안을 다시 한 번 다듬으며 표지 문안을 작성한다. 제목·부제·메인 카피·띠지 문안·표4 문안 등을 확정한다. 표2에 들어갈 저역자 프로필, 표3에

들어갈 광고도 이때 확정한다.

- 표지 시안이 나오면 내·외부 의견을 종합해서 1~2회 수정을 거쳐 책임자 승인을 받아 확정한다.

- 표지 인쇄 교정을 낸다. 본문에 컬러 도판이 많이 들어가거나 별색을 쓰는 경우 본문 인쇄 교정도 내 본다.

- ISBN, CIP 등을 신청한다.

④ OK교

- 내용 수정이나 교열은 치명적인 것이 아니면 하지 않는 것이 원칙이다(매우 찔린다). 오탈자와 체제 중심으로 1일 내에 최대한 집중해서 빠르게 완료한다.

- 도비라·차례·본문 페이지(하시라)·장제목·소제목 등의 체제를 최종적으로 대조하고, 판권면을 다시 한 번 확인한다.

- 페이지 메이킹을 하고 배열표를 작성한다.

- 표지 및 띠지를 최종 확인한다. 로고 크기와 위치, 띠지 뒷면에 들어갈 요소(ISBN과 책값)들을 점검한다. 저·역자 프로필도 최종적으로 확인한다.

- 외서의 경우 이 단계에서 원저작권자 승인용 자료 (판권 등)를 보낸다.

제작, 배본, 홍보, 마케팅

① 제작

— 제작 사양을 확정한 후 제작 담당자에게 발주하고 일정을 확인한다.

— 계약 내용과 각종 비용을 최종적으로 확인해 손익 분기 자료를 수정 및 확정한다.

— 표지와 본문에 도판이나 특정 색을 보기 위해 샘플 인쇄(인쇄 교정)를 하고 색과 이미지를 최종적으로 조정한다.

— 제작처별 담당자를 확인해 출력실에 최종 데이터를 올리고 인쇄소와 후가공업체 제본소에 각각 제작사양표·배열표·인쇄 교정지·컬러 칩을 송부한다. 보통은 OK교를 디자이너와 함께 수정 입력한 후, 그 자리에서 디자이너가 발송한다.

— CTP 데이터 검판을 진행한다. 필름 출력 시보다 간소해졌으나 최종 교정지 출력물과 왼쪽 위·오른쪽 아래 대조, 그림 원고 대조, 별색 확인 등 검판의 원리는 같다.

— 인쇄 감리는 디자이너가 담당하는 것이 원칙이다.

— 가제본이 나오면 빠르게 점검 후 문제가 없는 경우

제작을 재개한다.

② 배본, 홍보, 마케팅

— 서점용 보도자료는 최대한 간단하고 신속하게 제
작 발주와 동시에 만들어 마케팅부에 전달한다. 언
론사용 보도자료는 표지 포함 5~6장 정도의 분량
으로 작성해서 책임자 승인 후 릴리스 업체에 발송
한다.

— 릴리스는 가능하면 금요일에 진행한다. 분량이 많
고 읽는 데 시간이 필요한 책일 경우 사전에 언론사
에 가제본 형태로 배포할 수 있지만 엠바고를 걸어
둔다.

— 언론사에 서평자를 제안하거나 저자 인터뷰를 제
안하고 싶은 경우에도 원고를 사전에 배포할 수 있
다. 이때 전자 원고의 경우 유포 우려가 있으니 가능
하면 더미 형태로 배포한다.

— 다양한 매체와 접촉한다. 주간지나 월간지 외에 책
의 성격에 따라 홍보 담당과 협의하여 무가지·인터
넷 매체 혹은 출판평론가·오피니언 리더 등과 접촉
한다.

— 기사화되는 서평이나 인터뷰는 스크랩해 두고 마

케팅부나 저·역자와 공유한다. 마케터는 이를 서점 영업 등에 활용할 수 있다. 온라인상의 소개는 링크를 정리해 두고, 유튜브의 경우 인용 분량을 체크해서 저작권 침해의 소지가 없도록 한다.

- 웹페이지에 신간 도서 정보와 각종 홍보 결과물을 등록하고, 회사 SNS 계정에도 이를 등록한다.
- 온라인 서점 등 각종 웹페이지 상의 데이터베이스를 체크한다. 오류가 있을 경우 빠르게 수정 요청한다.
- 각종 외주자 비용을 처리하고 저·역자 인세 지급도 확인한다.
- 저·역자 및 외부 작업자 등에게 증정본을 발송한다.
- 주요 홍보처에 홍보 편지(문구)와 함께 증정본을 발송한다.
- 판매 현황 프로그램을 초기 1달 동안 주기적으로 체크하고 마케팅 실행에 따른 판매 동향을 파악한다. (분석은 마케터가 한다.)
- 광고물은 마케터 및 디자이너와 협의해서 진행하고 책임자의 승인을 받는다.
- 재고를 확인하고 중쇄 제작 일정에 차질이 없도록 추가 수정 내용을 미리 체크하고, 저·역자에게도

밤이 온비에 든다.

교정·교열의 목적과 목표

교정·교열 이전에 완료되어야 할 것:
내용적인 완성도를 끌어올리는 것을 목표로 하지 말자

모니터링을 거치면서 내용적인 부분은 완성이 될 것이다. 앞서 충분히 설명을 못했는데, 교정·교열 전까지 확정되어야 할 것 중에 하나가 목차 구성·내용 구성에 관한 부분이다. 특히 목차 부분은 집필 이전과 집필 이후에 충분히 검토되어야 하고, 모니터링 단계에서 최종 수정을 거친다. 다시 말하면 그 후에는 전체적인 구성이 흔들리면 곤란하다는 말이다.

　내용 구성, 목차 구성의 감각(쓰면 안 될 것 같은 표현을 또 잠시 빌려 오자면, '와꾸' 감각이라는 말이 가장 적절한 것 같다)은 사실 디자인 감각이나 카피 감각처럼 어느 정도는 타고난 기질 같기도 한다. 전체적인 흐름이 논리적으로 무리 없이 배치되어 있어야 하고, 메시지가 객관적으로 설득력 있게 읽히도록 해야 하며, 친절하고 쉬운 방식을 가능하면 따라야 하기도 한다. 독자가 읽어 내려가는 리듬을 고려해 배경에 대한 설명도 적절히 주어져야 하고 최근 다른 논의와의 연결 지점도 적절히 짚어 주면서 책의 메시지가 도드라지게 만드는 것이다. 이럴 때 외서들이 좋은 참고가 된다. 외서뿐 아니라 같은 주제를 다루거나 같은 독자층을 바라보는 핵심적인 참고 도서가 어떻게 목차를 뽑고, 부·장·소단락 등을 구분했는지 살펴보는 것이 구성 연습에 도움이 되는 것 같다.

부제목·장제목·소제목은 맨 마지막에 제목과 부제와 카피가 만들어질 즈음에 전체적인 '패키징'과 잘 어울리도록 최종적으로 한 번 더 다듬는다.

물론 본격적으로 협의의 편집인 교정·교열을 하다 보면 구성상 더 나은 방안이 떠오를 때도 있다. 하지만 교정·교열 과정에서는 최소한의 내용적인 변동 외에는 하지 않는 것이 원칙이다. 교정·교열의 목표는 원고의 내용적인 완성도를 끌어올리는 것이 아니라 완성된 원고를 독자들이 더 잘 읽어 낼 수 있도록 형식적으로 정리정돈하는 것이라는 사실을 명심하자. 이렇게 강조하는 이유는 지키기가 그만큼 어렵기 때문이기도 하다.

교정·교열이란 무엇인가

교정·교열의 목적은 책의 전체적인 체제가 효율성과 통일성을 갖추어서 독자가 더 빠르고 정확하게 읽어 낼 수 있도록 하는 것이다. 원고도 효율적이 되어야 하고 그렇게 만드는 과정도 효율적이어야 한다. 이 과정 전반에 걸쳐 책의 메시지와 목소리가 가장 효과적으로 전달될 수 있도록 해야 한다.

교정·교열에 포함되는 일을 한번 짚어 보면 대체로 이런 것이다. 전체 구조와 체제 통일, 부제목·장제목·소제목 등의 확정, 사실관계 확인 및 내용적 오류 확인, 주요 개념 및 용어 사용 통일, 맞춤법 및 띄어쓰기 확인 및 통일, 인명·지명 등의 외국어 표기 확인 및 통일, 외래어 표기 확인, 역사적인 사건들·단체명·기관명 등의 고유명사 표기 및 띄어쓰기 확인, 숫자 표기 확인, 도표와 도판 내용 확인, 캡션 확인, 본문 디자인 확인, 인용·

서지 사항·참고 문헌 표시 확인, 비문과 오문의 수정, 복잡하고 난해한 문장의 교열 등등. 이 과정을 하나하나 다 다룰 수는 없겠지만, 몇 가지 특이사항과 주의사항을 살펴보자. 교정·교열이라는 게 애초에 티가 나는 일이 아니지만(몹시 억울하게도 잘할수록 티가 안 난다), 그래도 아래 몇 가지는 조금만 신경 쓰면 원고가 훨씬 명확하고 깔끔해지는 일이다.

사실관계는 사회 분야 원고에서 매우 중요한 부분이다. 매우 상식적인(이처럼 주관적인 단어가 또 있을까!) 수준의 착오라면 원고만 집중해서 봐도 스스로 드러나지만, 그렇지 않은 경우 이를 일일이 다 찾아보고 확인하는 것은 불가능하다.● 샘플 교정·교열에서 오류가 많을 것으로 예상이 되면 저자에게 되돌려 보내 다시 한 번 확인을 부탁하는 것이 맞다. 그것이 어려울 경우 사실관계 확인만 적합한 관련 분야의 연구자나 전문가에게 외부 검토를 맡기면 훨씬 더 효율성을 높일 수 있다. 비용과 일정의 문제는 역시 팀장·편집장(책임자) 및 저·역자와 협의한다.

주요 개념 및 용어 사용에 있어서는 기본적으로 편집자가 공부가 되어 있는 것이 중요하다. 특히 사회 분

● 사실 이런 부분에 유능한 편집자는 분야별로 주제별로 참조할 만한 좋은 사이트들을 잘 알고 잘 찾아내는 사람일 것이다. 이는 또다시 지도 그리기와 연관이 되는 이야기이기도 하다. 지도 이야기가 이제 너무 지겨울까봐 본문에 못 넣고 주로 달았다.

야 외서의 경우 개념어의 번역이 가장 중요한 부분을 차지한다고 해도 과언이 아니다. 같은 말이더라도 분야별·연구자별·상황별로 의미가 조금씩 달라질 수 있고, 또 다른 말이더라도 연결되어 있는 것이 용어와 개념이기 때문이다. 주요 개념과 용어의 선택을 저·역자와 사전에 정리해 놓으면 작업이 수월하다. 이를 주석으로 정리해 독자와 공유하는 일도 필요할 수 있다. 사회 분야의 도서는 이렇게 개념이나 용어만 의식적으로 정확하게 정리되어 있어도 독자들 입장에서 만족도가 크게 향상된다는 점을 기억하자. 키워드로 생각하는 연습을 하자는 것도 이 때문이다. 이와 유사한 이유로 인명·지명·단체명·기관명·역사적인 사건명 등 각종 고유명사들의 표기를 정확히 하고 띄어쓰기를 통일하는 것도 중요하다. 또 찾아보기는 마지막으로 통일이 잘 되어 있는지 살필 수 있는 단계이기 때문에 담당 편집자가 하는 것이 좋다.

숫자 역시 오류가 많이 생기는 부분이고 그만큼 책에 대한 신뢰도를 결정하는 중요한 부분이기도 하다. 번역서의 경우 원서와 숫자만 따로 한 번씩 대조하는 작업을 거치는 것이 좋고 국내서일 경우에도 숫자만 별도로 다시 확인하는 것이 도움이 된다. 도표·도판·캡션·인용 및 서지 사항·참고 문헌 표시 등도 꼼꼼히 확인하고, 인용 원문은 의심이 가거나 잘 이해가 안 되는 경우에 저·역자에게 따로 확인을 요청하는 것이 좋다.

최악은 띄어쓰기다. 편집자들에게 '월북越北 의지'를 샘솟게 하는 업무라고 알려져 있다. 띄어쓰기 목록을 만들어서 관리하는 것이 통상적인데, 특히 표준국어대사전에 등재된 단어만 복합명사로 인정해 붙여 쓰면 오히려 통일성이 떨어져 보이는 경우도 많다. 학술서나 인문교양책과 마찬가지로 사회과학책에서는 가독성을 최대한 높이기 위해서 많은 명사구, 즉 조금이라도 특별한 개념으로 반복적으로 사용되는 용어를 복합명사로 보고 붙여 쓴다. 고유명사도 보조용언도 최대한 붙여 쓰는 편이 가독성을 높인다.● 말은 쉽지만, 대체로 초교에서 잡은 원칙을 재교에서 다시 허물고 삼교에서 되돌리는 일이 허다하다. 초교는 말이 초교지 원고를 두세 번은 읽게 되어 있다. 가능한 한 대부분의 '삽질'을 초교 단계에서 마무리하고 원칙을 정한 후 재교 이후로는 독한 마음으로 기계적 통일에만 집중하는 것이 좋다. 여담이지만 잠시 다음과 같은 오스카 와일드의 유명한 말을 음

● 이런 감각이 세대에 따라 성향에 따라 다르다는 것을 알고 있다. 다만 사회 분야 도서의 경우 에세이나 문학 분야 책들에 비해 이런 단어들의 사용 빈도가 높기 때문에 독자들의 눈과 머리가 이런 단어들을 기능적으로 처리할 수 있도록 붙여 쓰는 것이 효율적이라고 생각한다.

미해 보자.

오전 내내 내 시 한 편의 수정 작업을 해서 쉼표를 하나 떼어 냈다. 그리고 오후에는 그 쉼표를 다시 집어넣었다.

이 문장을 어느 웹페이지에서 보았을 때, 나는 원고에 지나치게 많이 등장하는 '○○ 사회'라는 표현들을 모두 붙이기 위해 날밤을 까고, 다음날 다시 읽어 보니 왠지 어색해서 다시 날밤을 까며 원래대로 돌려놓던 수많은 편집자들을 떠올릴 수밖에 없었다.

다음으로 문장 수정, 즉 교열의 부분이 남는데, 인문·사회 분야의 책에서 교열은 최소한으로 해야 한다.● 저·역자들의 문장력이 대체로 신뢰할 만한 수준을 넘어서기 때문에 그렇기도 하고, 습관적이고 비효율적인 표현들이 때로 그 저자의 스타일이나 목소리를 만들어 내는 데 중요한 역할을 하기 때문에 그렇다. 한두

● 종종 논문 투의 문장들을 일반 대중서의 문장으로 수정하기 위해 또 수많은 시간을 흘려보내는 편집자들도 많은데(나 포함), 가능한 일이 아닐뿐더러 자원의 심각한 낭비를 초래한다. 어느 정도 선에서 멈춰서거나 저·역자에게 돌려보내는 것이 맞다. 입바른 말을 더 하자면 애초에 기획 단계에서 이런 일이 발생하지 않도록 충분히 확인하는 것이 맞다. 이도 저도 어렵다면 역시 별도의 교열자에게 외주로 부탁하는 것이 효율적이고, 그 비용과 일정은 책임자와 저·역자와 상의한다.

번 읽어서 이해가 잘 안 되는 난해하고 모호한 문장이나 오해의 여지가 있는 문장을 수정하는 선에서 제한적으로 하는 것이 좋다. 번역서 교정·교열에서는 원문 대조라는 과정이 추가된다. 인간이라면 번역에 실수가 있을 수밖에 없기 때문에 그렇다. 일일이(line by line) 대조를 하기는 어렵고 원고를 세심하게 읽으면서 의아한 부분을 잡아내는 수밖에 없는데, 역시 의심이 생길 때는 부분적으로 꼼꼼히 검토한 후 근거를 만들어 역자에게 돌려보내는 것이 맞다. 역자가 수정하기 어려운 상황에서는 역시 외부 검토자에게 맡기는 방향도 고려할 만하다. 원어 병기를 어디까지 할 것인가의 문제도 중요하다. 최근에는 병기를 많이 하지 않는 추세인데 그래도 중요한 개념어(여러 번역어 중 하나를 택했을 경우 독자들이 알 수 있도록)나 한글로 표기했을 때 어색한 발음 정도는 표기를 해 주는 것이 좋다고 생각한다. 또 책의 신뢰도를 높이는 작은 서비스의 하나로, 영미권 도서나 프랑스어 도서에서 인명·지명 등의 고유명사가 영어식·프랑스식으로 바꾸어 표기되어 있는 경우는 원어의 표기대로 고치는 것이 맞다.

편집에 참고가 되는 책들

요즘은 교정·교열을 가르치는 다양한 교육 프로그램이 많지만 내가 일을 시작했을 때는 그런 게 별로 없었다. 맞춤법이나 어법은 따로 배우고, 어법에 맞게 문장 교열하는 법을 또 따로 배웠다. 한겨레교육문화센터에서 이수열 선생님 강의를 오래 들었는데 '순수주의자'인 선생님의 스타일을 적용하면 저자의 스타일을 훼손하는 경우가 생겨서 현장에서 그대로 따르기에는 어려움이 있었다. 다만 습관적인 번역투나 행정 문서투의 표현을 바로 잡는 데에는 큰 도움이 되었다. 외래어 표기나 외국어 표기는 주로 국립국어원의 홈페이지를 참고하고 '가나다 전화'에 물어보며 하나씩 배웠다. 그럴 때 크게 도움이 되었던 책이 있어 소개하려고 한다.

『시카고 매뉴얼 오브 스타일』The Chicago Manual of Style, 17th Edition은 많은 분들이 아는 책이지만, 필수 소장용 참고서라고 할 수 있다. 이 책에는 책의 모든 요소들의 존재 이유가 총망라되어 있다. 개념서라고 해야 할까. 그러면서 매우 실용적으로 편집의 방법을 알려 주기도 한다. 인덱스별로 정리가 잘 되어 있어서 아직도 궁금한 게 있으면 이 책을 가장 먼저 펼친다. 저자가 완전 원고를 파일화해서 편집자에게 전달할 때 파일명을 어떻게 하면 좋을지에 관한 부분부터 세세하게 저자의 역할과 편집자의 역할, 그 경계선을 보여 준다는 점도 인상적이다. 나는 헌사·제사 등을 포함해 책의 앞부분에 실리는 각종 부속들의 의미와 형식 등 논문 작성 과정이나 출판사에서 배우지 못한 여러 체제에 관한 기본 지식을 이 책에서 배웠다. 워낙 고가의 책이라 계속해서 새로운 판본으로 갱신할 수는 없지만 한 번 사면 10년 정도는 충분히 쓸 수 있다.

다음으로 『듀덴 인명 발음 사전』Duden 06 Das Aussprachewörterbuch. 사실 표준국어대사전, 국립국어원의 외국어나 외래어 표기 방법만으로 알기 어려운 수많은 표기와 발음들이 존재한다. 이 사전은 어떤 이름이 어느 언어권의 이름이고 어떻게 발음되어야 하는지 국제 표준 발음기호로 알려 준다. 사회서에는 특히 외국 인명이 등장하는 경우가 많은데 온라인·일간지 등에는 틀린 표기가 많기 때문에 역시 꼭 필요한 책이라고 할 수 있다.

계속해서 업데이트되고 있는 『열린책들 편집 매뉴얼』도 예전에 없던 고마운 참고서이다. 매년 사기는 부담스러워 2~3년에 한 번씩 갱신해서 사고 있다. 그 외에도 글쓰기에 관한 책들이 좋은 공부가 되는 것 같다. 반드시 좋은 문장으로 교열하고 싶어서가 아니라 편집의 교양 및 기본기를 쌓는다는 기분으로 읽으면 좋을 것 같다. 글쓰기 책에는 단순히 기능적으로 글을 잘 쓰는 법뿐 아니라 시대별·장르별·작가별로 글이나 어법·문체(스타일)·책에 대한 생각이 총정리되어 있는 경우가 많기 때문이다. 『문장강화』, 『글쓰기의 요소』, 조지 오웰의 『나는 왜 쓰는가』, 윌리엄 진서의 『글쓰기 생각쓰기』, 스티븐 킹의 『유혹하는 글쓰기』, 나탈리 골드버그의 『뼛속까지 내려가서 써라』 등 고전적인 책부터 최근 국내 저자들이 쓴 글쓰기 책(은유 작가의 책이나 김홍은 작가의 책 등등)까지 다 읽어 보면 좋을 것 같다. 그러나 무엇보다 가장 좋은 참고서는 선배들의 교정지다. 나 역시 선배들의 교정지를 대조교정하면서 배운 것이 실질적으로는 가장 큰 도움이 되었다.

함부로 고치지 말자

편집의 전체 과정에서 가장 중요한 것이 아닐까 생각되는 것은 바로 권한 없는 일에 나서지 않는 것이다. 내 권한의 경계를 잘 알아야 하고, 다른 협업자들의 권한의 경계를 잘 알아야 하는 일이기도 하다. 내가 가장 못했던 일인 것 같기도 하다. 대체로 너무 나섰고, 가끔은 너무 책임을 방기했다. 균형을 잡기가 참 어려웠다.

아무리 좋은 기획을 했다고 해도 그 기획은 저자가 하려는 이야기에 따라 달라질 수밖에 없다. 그리고 원고를 완성하는 것은 저자의 몫이다. 이 경계 설정을 잘해야 한다는 뜻이다. 나는 이 경계를 배우는 데 거의 20년이 걸렸다. 개인적인 문제일 수도 있고 기질 때문일 수도 있겠으나 콕 집어서 이것이 나쁘다고 알려 주는 사람이 없었다. 아무도 나에게 권한을 주지 않는 환경에서 권한을 갖기 위해 책임을 먼저 지는 버릇을 들이기 시작하고 그러자 마지못해 권한이 주어지는 상황이 계속되었던 것이다. 그런데 이렇게 일을 하다 보니 내 그릇과 역량에 비해 어깨가 무거워지는 상황이 반복되었던 것 같다. 저자와 어색한 관계가 되기도 하고, 내가 지치기도 했다. 사실 공을 들이면 책의 품질은 좋아지고 또 잘 팔리기도 한다. 하지만 이것은 결코 장기적으로 지속되는 건강한 성과가 아니다. 권한 없는 일에 편집자가 나서고 책임을 지려고 하기 시작하면, 이것은 마치 아이의 삶을 대신 살아 주는 엄마의 경우처럼 그 결말이 사악하다. 원고에도 책에도 저자에게도 그렇고 편집자 자신에게도 그렇다. 책은 내 것이 아니다. 이것이 편집의 핵심이다.

책임편집과 외주의 문제

이와 비슷한 측면에서 책임편집과 외주의 문제에 대해서 종종 생각한다. 출판의 많은 작업 과정들이 외주화되어 있다. 회사 내부에 많은 인력을 포함하기가 부담스러운, 작고 효율적인 규모를 유지하는 출판사가 많아지고 있기 때문일 수도 있겠다. 내부의 편집자에게 홍보나 마케팅·관리 등의 업무가 점점 더 많이 주어지기 때문이기도 할 것이다. 그럼에도 불구하고 기획·편집 인력은 출판사에서 핵심 인력이라고 할 수 있는 부분인데, 점차 책임편집까지도 외주로 많이 이루어지는 추세다. 책임편집을 하는 외주 편집자라니 모순어법이 아닌가라는 생각을 지울 수 없다.

통상 가장 효율적인 편집 외주의 방식은 기획·편집자가 출판사 내부에 있고 전체적인 그림을 그릴 수 있지만, 크로스체크를 해 줄 만한 인력이 부족할 때, 혹은 교정·교열의 특정 과정에 더 전문적인 능력을 지닌 편집자가 있을 때 작업을 보완해 주는 의미로 1~2교 정도를 작업해 주는 것이라고 생각해 왔다.

원서 대조를 부탁하려고 원서의 언어에 익숙한 편집자에게 외주를 발주한다든가, 도표 부분을 중점적으로 보는 작업을 외주로 발주한다든가, 특정 분야의 용어와 개념들에 익숙한 외부 편집자에게 작업을 의뢰한다든가, 도판을 찾아내 배치 등을 본문 디자인과 함께 잘 만져 줄 수 있는 외부 편집자에게 작업을 의뢰한다든가, 하다못해 외래어표기·띄어쓰기를 집중적으로 빨리 잘 봐 줄 수 있는 편집자에게 작업을 의뢰한다든가 하는 명확한 외주 발주의 사례들이 있다. 문장을 특정한 방식으로 매끄럽게 다듬어 줄 편집자가 필요할 때도 있겠다. 혹은 모니터링 단계에서 원고의 체제와 내용 등이 거의 다 잡혀서 원고 상태에 대해 저자와 편집자가 모두 최소한의 수정을 하기로 협의한 경우, 혹은 원고 성격상 많은 수정이 어려운 경우, 일정이 빠듯한 경우에도 초교부터 외주 발주한 경우들이 있다. 그런 경우에도 발주 시 반드시 한 챕터 정도의 샘플 교정지를 교정 시 주의 사항을 정리한 파일과 함께 보내야 한다는 것이 내가 배운 원칙이었다. 수정 방향 등을 구체적으로 명시해서 보낼 것은 말할 것도 없다.

최근 10년 동안 반비에서 일한 방식을 돌아보니 두

가지 실용적인 교훈을 얻을 수 있었다. 첫 번째가 가능하면 편집 외주를 더 늘리고 생산 종수도 늘렸어야 했다는 것이고 두 번째가 저자 관리에 있어 편집자가 해야 할 일과 하지 않아도 될 일을 더 명확히 구분했어야 한다는 것이었다. 내가 못했다고 생각하는 두 가지이자, 앞으로는 못하면 안 될 것 같은 두가지다. 마침 반비를 떠나기 전 거의 인하우스 편집자처럼 과정 전체를 조율하면서 패키징까지 완수해 내는 좋은 외주자를 만나기도 했기 때문에 충분히 가능했던 일이 아닌가 싶다.

그럼에도 편집의 핵심 업무를 모두 외주화하고 그에 관한 책임도 모두 외주화한다면 책은 어떻게 될까 하는 생각이 들지 않는 것은 아니다. 외부의 누군가에게 원고와 책에 대한 책임과 권한을 모두 위임할 수 있을까? 이게 논리적으로 말이 되나? 아니면 권한과 책임 없이 최소한의 수정을 해야 한다는 것일까? 그렇다면 앞에서 말한 대로 책에 대한 '신뢰'를 깎아먹는 일이 되지 않을까? 아무도 몰라준다고 할지라도, 만족이 없는 문제라 하더라도, 양질의 편집에 대한 편집자 스스로의 자신감 없이 편집자가 어떤 권한과 권위를 가질 수 있을까? 이러저러한 원칙을 다 떠나서 그게 과연 편집자에게 재미있는 일일까?

사실 협업이란 양자가 합리적으로 소통하면서 계약한 내용이라면 그것이 어떤 방식이건 외부에서 시비를 가릴 일은 아니다. 오히려 효율적인 협업을 고민하다 보면, 다양하고 참신한 방식을 시도할 기회도 많아진다. 하지만 '외주 편집'에 있어서는 권한과 책임에 대해 훨씬 더 섬세하고 정교하게 생각해 봐야 할 것 같다. 책임 편집을 외주화하려면 거의 인하우스 급으로 서로 소통이 원활하고, 또 그만큼 오랫동안 호흡을 맞춰 갈 수 있는 외주자를 확보하는 일이 가장 시급할 것이다. 또 그에 상응하는 대가에 대해서도 더 면밀히 생각해 봐야 할 것이다.

{ 9 }

제목·부제·카피·디자인으로
완성하는 책 패키징

좋은 제목이란 무엇인가?

패키징이라는 제목이 붙은 이 장에서는 제목·부제·카피·판형과 제본 방식을 포함한 표지 디자인에 이르는 과정을 다뤄 보려고 한다. 말이 나온 김에, '패키징'이라는 용어에 대해 정리를 하고 넘어가야 할 것 같다. 패키징이란 말 그대로 포장이다. 책의 콘셉트가 가시적으로 드러나는 부분, 즉 표지의 디자인·카피 요소를 모두 포함하고, 그렇게 포장하는 행위를 뜻하기도 한다. 진열된 책을 보고 집어 들었을 때의 사용자 감각을 최종 목표물로 삼고, '물성'을 갖춘 책의 감각을 설계하고 섬세하게 조정하는 과정이라고 할 수 있겠다. 실은 남들도 이 말을 출판 용어로 사용하는지는 모르겠다. 나는 브랜딩에서 패키징의 중요성이 강조되었던 십여 년 전쯤 그런 종류의 작업을 매우 잘했던 어느 주류 회사의 제품 라인을 보면서 깨달은 바가 있어, 그 후로 책을 만드는 맨 마지막 단계를 '패키징'이라는 관점에서 이해하려고 노력해 왔다. 요즘엔 패키징을 훨씬 더 잘하는 국내 브랜드나 상품이 너무 많아 그 많은 사례를 일일이 공부하는 게 오히려 방해가 될 정도지만, 2000년대 초반은 이제 막 그런 시도들이 눈에 띄기 시작했던 시기로 기억한다. 길게 설명했지만 책에서 패키징의 핵심은 아무래도 제목·표지 문안·디자인으로 압축될 것 같다. 표지 디자인에 대한 이야기는 기회가 닿는 대로 다시 하기로 하고 먼저 좋은 제목에 대해 생각해 보자.

사회서 특유의 좋은 제목이 어떤 것인지 정의하기는 쉽지 않다. 단행본에 적합한 좋은 제목이 무엇인지도 혼란스러운 시절이다. 가령 '지대넓얕'처럼 다른 매체에서 인지도가 생긴 제목이 출판 시장에서도 효과를 발휘하는 경우가 점점 더 많아지고 있다. 다만 최근 20년 동안의 경험에서 '좋은 제목'이라고 언급되었던 것들의 일반적이고 보편적 특징을 떠올려 보면 다음과 같이 추려 볼 수 있다. 첫 번째는 조금 십 수 년 전 유행했던 올드한 표현으로 이른바 '임팩트 있는 제목'이다. 한번 들으면 잊히지 않는 제목이라는 의미로 생각할 수도 있고, 자극적인 제목이라고 이해할 수도 있겠다. 오래전 일했던 한 회사의 마케터가 회의 때마다 '임팩트가 없다, 임팩트가 없다······'고 해서 고뇌에 빠지곤 했던 때가 떠오른다. 다음으로 정답에 가까운 것이 '타깃 독자층의 니즈(욕구와 기대)를 정확히 건드리는 제목'이라는 것일 테다. 또 이와 쌍을 이루는 특징은 '저자의 의도와 메시지를 정확히 꿰뚫어 표현하는 제목'이라고 할 수 있겠다. 좋은 제목을 만드는 일은 결국 저자가 표현하고자 하는 것과 독자가 읽고 싶은 것 사이의 최적의 접점을 찾아내는, 좋은 책을 만드는 전체 과정의 일부이기 때문이다. 저자와 독자를 둘 다 충족시키는 어떤 지점이 존재하고, 그것을 발견해 낼 수 있다면 제목만이 아니라 패키징의 전 과정이 매우 수월해질 것이다.

특히 책은 문자·텍스트 기반의 매체다 보니, 이미 지나 다른 감각을 통해 각인되는 제목도 요건으로 많이 회자되는데 최근 몇 년 동안 그런 효과를 가장 톡톡히 본 제목 중 하나가 '죽고 싶지만 떡볶이는 먹고 싶어'가 아닐까 싶다. (이 책은 '심리' 에세이이기 때문에 출간 초기에 인문 분야에도 중복 분류되었던 것으로 기억한다.)
감각이나 그로부터 발생하는 감정은 의미나 관념보다 더 먼저 지각되고, 더 오래 각인된다는 것은 단행본뿐 아니라 모든 카피라이터들이 공통적으로 이야기하는 바다. 구체적인 숫자나 고유명사의 사용을 통해서 비슷한 효과를 발휘하는 제목도 있다. 본의 아니게 또 옛날 사람 티를 내는 사례를 들어 죄송하지만, 『88만원 세대』 같은 제목을 떠올려 볼 수 있겠다. 더 최근의 사례로는 『82년생 김지영』이 있다. 호기심을 자극하는 제목, 더 알아보고 싶게 만드는 제목, 즉 카피나 목차·뒤표지로 독자의 시선과 관심이 계속 연결되도록 만드는 제목에 대해서 숙고해 볼 필요도 있을 것 같다. 사회서의 경우에는 주로 제목 안에서 책이 말하는 정답을 알려 주려는 경향이 있어서 이런 미덕을 담기가 쉽지 않은데, 스포일러를 피하면서 호기심을 자극할 수 있는 제목을 만들어 낼 수 있다면 결과는 성공적일 가능성이 높다. 이와 같은 예로는 『살아남은 아이』 같은 제목이 떠오른다.

마지막으로 특히 한국 출판 시장에서는 좋은 느낌이나 호감을 주는 제목이 좋은 반응을 얻는 경우가 많았던 것 같다. 사회서 중에서 제목은 매우 그럴듯한데 생각보다 좋은 성과를 거두지 못한 경우, 특히 부정적이거나 단정적이어서 재미가 반감된 것이 아닐지 의심해 볼 만한 사례들이 있다. 조심스럽긴 하지만 『생각하지 않는 사람들』 개정판이 최근 출간되었는데, 제목도 바꿨으면 어땠을까 하는 생각이 든다. 정확하고 쉽고 착하고 지당하고 장점이 많은 제목이지만 『The Shallow』라는 원서 제목의 효과를 넘어서지는 못하는 것 같다. 사회과학책 특유의 비판적인 시선을 어떻게 하면 네거티브가 아닌 조금 더 재치 있고 세련된 태도로 표현할 수 있을지 고민이 필요한 대목이다. 알다시피 부정적인 (말이 포함된) 제목은 주목도가 높지만, 구매 욕구를 끌어올리는 데에는 한계가 있다. 이 모든 요소가 조화를 이루고 거기에 더해 제목과 부제·카피·디자인이 최적의 조화를 이루어 패키징을 완성한다면 그때 많은 사람이 그 책의 제목이 '좋다'고 말한다. 물론 내가 전혀 잘난 척할 처지는 아닌 것이, 이런 간접 학습 후에도 2019년에 『World Without Mind』를 『생각을 빼앗긴 세계』로 바꾸어 출간한 경험이 있다. 이 아이디어조차도 번역자 박상현 선생님이 회의에서 떠올린 것이다. 물론 원제가 애초에 매우 건조하고 단정적이라는 점을 감안하면, 번역서의 제목은 원 저자의 태도와 목소리를 존중한 것이라고 볼 수도 있다. 그 와중에 '빼앗긴'이라는 단어가 그나

마 어감이나 뉘앙스가 식상하지 않고, 심지어 디자이너 덕분에 표지와 제목이 찰떡같이 잘 어울리게 되었지만 그래도 조금 더 적극적으로 고민했다면 조금 더 팔 수 있지 않았을까 하는 아쉬움이 든다.

패키징의 순서

제목을 결정하는 과정을 핵심에 놓고 패키징의 단계를 보면 다음과 같다. 기획 단계에서 처음으로 제목과 책의 전체적인 꼴에 대한 상을 잡는다. 핵심 키워드를 통해 가제를 잡고 독자층을 가늠하고 저자의 의도·메시지·태도에 대해 생각하면서 처음으로 잡는 상이 중요하다는 사실은 굳이 강조하지 않아도 될 것이다. 이때 상이 정확히 잡혀서 끝까지 살아남은 제목은 거의 성공하는 것 같다. 심지어 저자가 원고 단계에서 붙여서 보낸 가제가 끝까지 살아남는 경우도 있다. (몇 가지가 떠오르는데 여기 적을 만큼 성공적인 것 같지는 않아 넘어가겠다.) 하지만 대부분의 가제는 가제일 뿐이다. 제작 직전까지 계속해서 바뀌고 다듬어지는 경우가 훨씬 많다.

원고 모니터링과 저자 수정, 초교가 끝나고 (심지어는 재교가 끝난 후) 본격적으로 제목안을 만드는데, 기획 단계에서 떠올렸던 키워드들과 원고에서 좋았던 단어들이나 표현들, 혹은 핵심적인 개념들을 중심으로 브레인스토밍을 하는 것이 그 시작이다. 이런 표현들을 이리 붙이고 저리 붙이고, 이리 굴리고 저리 굴려서 가안을 만든다. 같은 의미더라도 전혀 다른 톤으로, 전혀 다른 태도로 표현할 수 있기 때문에 특히 저자가 독자에게 어떤 톤으로, 어떤 태도로 말을 건네고 있는지(혹은 건네게 만들고 싶은지)를 파악하는 것이 중요하다. 문장형일 수도 있고 한 단어일 수도 있고 단어와 단어의 연결일 수도 있겠다. 최근에는 문장형·카피형 제목이 많지만 언제 또 분위기가 바뀔지 알 수 없다. 시기에 따라 유행하는 제목 스타일이나 트렌드를 고려해야 할 수도 있다. 특히 사회서의 경우 시의성 있는 주제를 다루기 때문에 사회적인 언어 표현과 집단적인 상징에 예민하게 반응할 수밖에 없다. 당시의 사회적인 분위기와 키워드를 잘 읽어내고 활용하는 것이 마냥 독창적이기만 한 제목보다 사회서에는 적합할 수 있다. 디자인을 포함한 패키징은 사실 출판에서 가장 크리에이티브한 영역이다. 제목과 카피를 만드는 과정은 매우 재미있고 스트레스도 그만큼 큰 영역이다. 그렇다고 지나치게 도취된 상태에서 이 작업을 하면 결과물이 안드로메다로 날아가 버리기 쉽다는 점도 명심하자.

부제는 조금 더 쉽다. 부제는 기본적으로는 책의 성격을 정확히 요약해 주는 구절이나 문장으로 정하게 된다. 그러고 나서 제목과 균형이 맞는지 파악한다. 콘셉트를 중심으로 제목과 부제에서 힘을 줄 부분과 뺄 부분을 조율하는 것이다. 제목과 부제가 내용적으로 형식적으로 중복되거나 상충하지 않도록 유념하자. 적절한 거리와 적절한 강약 조절 그리고 적절한 리듬이 필요하다. 제목 회의 때는 제목과 부제 그리고 카피 두세 개 정도를 같이 뽑아서 본다. 앞표지나 띠지 앞면에 들어가는 메인 카피와 그 아래 바디 카피 그리고 뒤표지에 들어갈 헤드 카피 정도를 같이 보면 좋다.

제목안이 완성되면 제목 회의를 하는데, 이 회의는 핵심 인원끼리만 하는 것이 좋다. 다양한 사람들이 제목에 대한 가벼운 인상과 호불호를 발언하다 보면 오히려 상이 흐트러지기 때문이다. 회의에서는 단어나 문장에 대한 느낌·이미지·분위기·태도 등을 면밀하게 파악한다. 독자의 반응, 곧 독자의 정서적·감각적 반응에 대해서도 다각도로 예측해 본다. 회의를 통해 어느 정도 후보군이 정리되면, 각각 장단점이 명확한 3개 정도의 제목과 부제(가끔은 메인 카피까지)를 가지고 모니터링을 해 본다(설문이나 투표로 널리 의견을 묻는다). 회의에서는 특정한 욕구나 취향·필요·기질·습관을 지닌 사람이 어떤 이유로 혹은 어떤 반응에 의해 특정한 제목을 선택하게 되는지를 조금 더 세밀하게 따져보기 위해 소수의 핵심 인원이 깊이 이야기를 나눈다면, 모니터링에서는 더 넓은 스펙트럼의 사람에게 전체적인 호불호를 체크하는 것이 효과적이다. 회의에서는 각 제목의 가능성과 위험 요소를 파악할 수 있다. 무엇을 감추거나 드러낼지도 판단할 수 있다. 모니터링에서 중점적으로 확인해야 할 질문을 뽑아 낼 수도 있다. 다른 분야의 편집자·마케터는 물론, 서점 MD·디자이너·예비 독자까지 폭넓게 의견을 들어 보는 것은 도움이 된다. 이렇게 제목 회의와 모니터링을 통해서 우리는 이제 어떤 사람이 어떤 제목에 귀를 기울이고, 어떤 제목에 어떤 인상을 받고, 어떤 감정이나 반응이 촉발되는지 조금 더 정교한 시나리오로 그려 볼 수 있다. 모니터링에서 가장 많은 표를 받은 제목이 항상 최종적인 제목이 되지는 않는다. 오히려 그렇지 않은 경우가 더 많다.

콘셉트의 고민, 독자에 대한 고민은 기획안부터 시작되어 마케팅 회의까지 이어지는 연속적인 과정이다. 패키징도 그 연속선상에 있다. 콘셉트가 처음부터 명확하게 잡혀 있는 경우에는 제목 회의와 모니터링을 통해 점검한 내용을 반영해 제목을 결정하게 되지만, 오히려 제목 회의와 모니터링을 통해서 콘셉트가 미세하게 수정되는 경우도 있다. 부제와 카피도 마찬가지다.

다음은 저자를 설득하는 단계로 꽤 부담스러울 수 있는 단계다. 저자는 편집자나 마케터나 독자와는 다른 기준으로 사고하고 판단하며, 이는 지극히 정상적이고 건강한 차이이다. 결정적으로 저자는 자신의 선택이나 결정을 객관적으로 해설 내지 해석하지 않는다. 그것은 편집자의 일이다. 독자가 왜 어떤 표현에 특별히 더 강하게 반응하고 어떤 표현에 특별히 더 정서적으로 동요하는지에 대해, 콘셉트를 기준으로 섬세하게 잘 설명해야 한다. 기획 초기에 소통이 잘 되어 있으면 크게 어려운 일은 아닐 것이다. 물론 모니터링까지 거쳐 객관적인 근거를 가지고 미세하게 다듬어 낸 판단이 틀리고 저자의 주관적인 판단이 맞을 수 있다. 그래서 마지막 순간까지도 결정을 바꿀 수 있는 겸허함과 유연성이 있어야 한다.

디자이너와의 소통도 언급해야겠다. 제목과 표지는 떼려고 해도 뗄 수 없는 관계다. 제목이 아무리 좋아도 시각적으로 잘 표현이 되지 않으면 독자의 눈에 의미

있게 전달되지 않고, 디자인이 아무리 심미적인 완결성이나 정교함을 갖추고 있어도 제목을 제대로 표현해 내지 못하면 독자를 혼란에 빠뜨릴 뿐이다. 이것이 내가 굳이 제목 선정과 디자인을 통합해 '패키징'이라는 말을 쓰는 이유기도 하다. 게다가 사회 분야 도서들은 제목 타이포그래피가 중요한 디자인 요소가 되는 경우가 많다. 제목을 빨리 확정해서 디자이너가 충분히 고민하고 작업할 수 있는 시간을 주는 것이 중요한데 제목이 미세하게 계속 조정되면 어려움이 생긴다. 디자이너와 패키징 과정 전체를 소통해야 하는 이유가 여기에 있다.

본문 디자인의 경우 우리가 독자의 편의성이나 실용성(가독성)을 바탕으로 판단했다면 표지는 그보다는 감각적이고 심리적인 요구에 부응하도록 만들어진다. 제목과 부제와 카피가 서로 조화를 이루면서 협업을 하듯이 디자인과 제목·부제·카피도 서로 조화를 이루면서 협업을 하게 된다. 입으로 내뱉는 말과 눈빛이 다른 의미를 나타내는 얼굴처럼 복잡하고 아이러니한 표정은 독자가 서점의 매대를 스쳐 지나가는 짧은 시간에 전달되기가 쉽지 않을 뿐 아니라, 독자를 혼란에 빠뜨린다. 제목이 진지한데 디자인이 냉소적이거나 디자인이 강렬한데 제목이 나른하고 감상적이거나 디자인은 유쾌한데 제목은 슬프거나 하는 모순적인 포장은 실패하기 쉽다. 특수한 의미를 전달하고자 하는 예외적인 경우를 빼고는 전체적인 통일성·메시지의 분명함·타깃의 정밀함이 패키징의 성공 여부를 가르는 기준이 된다. 이를 가장 잘 느낄 수 있는 사람은 바로 편집자다. 머릿속의 콘셉트를 부여잡고 그것을 끝까지 이끌고 와서 마침내 패키징의 단계에서 물성으로 전환시켜 단단하게 땅 위에 발을 디디게 한 편집자야말로 그 과정이 성공적인지 아닌지를 직감·예감할 수 있는 거의 유일한 존재다. 띠지의 컬러와 표지·띠지에 들어가는 글자들의 크기 및 위치, 후가공의 모든 요소들까지 하나하나 잘 자리를 잡을 때 우리는 패키징이 완성되었다는 느낌을 받는다.

　너무 중언부언한 것 같으니 간단하게 도식화해 보자.

원고 기획 단계에서 가제 잡기

↓

초교 완료 후 제목안 만들기

↓

마케팅 기획안을 만드는 단계에서 포지셔닝 (독자층 및 분야 설정)

↓

제목안 다듬기

↓

제목 회의와 모니터링

↓

저자를 설득하기

↓

부제·카피 조율하기

↓

표지 디자인을 의뢰하고 디렉팅하기

굳이 원칙이 있다면

좋은 제목을 뽑아 내는 구체적인 팁이나 비법은 아니지만, 다른 과정처럼 지켜야 하는 몇 가지 원칙에 대해 이야기해 볼 수는 있을 것 같다. 먼저 원고를 잘 읽어 내는 것이 당연히 중요하다. 제목 짓기의 기본 중의 기본이라고 할 수 있고, 편집의 기본 중의 기본이라고도 할 수 있다. 원고를 제대로 파악하지 못한 채로 기능적으로 좋은 제목을 짓는 것은 엄청난 능력자가 아니라면 불가능하다. 저자와 독자층을 파악하는 것이 역시 기본이다. 저자와 독자 사이의 거리를 가늠하고 그 거리를 최대한 좁히는 것이 편집자의 역할이고 그 과정에서 저자를 보호하는 동시에 독자도 배려해야 한다. 그래서 '소통'의 중요성이 또다시 대두된다. 저자와의 소통·팀 내에서의 소통·회사 내에서의 소통·디자이너와의 소통·마케터와의 소통이 모두 잘 이루어질 때 패키징도 통일성 있게 완성된다. 여기서 강조하고 싶은 것은, 전체 맥락을 관장하는 사람이 담당자라는 확신이 있어야 한다는 점이다. 이 과정에서 섣불리 타협하거나 책임을 외부로 전가해서는 안 된다. 소통은 타협이 아니기 때문이다. 상대방이나 내가 납득이 되거나 머리로는 이해가 안 되더라도 감각·감정적으로 수용이 되거나 둘 중 하나여야 한다. 언어에 대한 세밀한 감각이 필요하다는 것도 당연한 말이지만 짚고 넘어가야겠다. 언어에 대한 감각이 있다는 것은, 단어의 느낌·용례·정의를 정교하게 분별할 수 있는 능력이 있다는 뜻이고, 아마도 그런 언어를 많이 읽어야 길러지는 능력일 것이다. 더불어 그런 언어를 시각적으로도 조화시킬 수 있는 감각이 있으면 디자인까지 완결성 있게 만들 수 있다. 마침 내 책장에 있는 책 중에 『세상물정의 사회학』이라는 좋은 사례가 눈에 띈다. 세상 '물정'이라는 말의 소박한 어감과 바지런한 에너지가 돋보이는 제목이다. 또 '세상물정'과 '사회학'이라는 말이 힘을 합해 만들어 내는 균형 감각도 교양서로서 독자에게 흥미와 신뢰를 적절히 제공한다. 나아가 저자의 목소리나 태도·메시지와도 잘 어울린다. 심지어 표지마저 이런 좋은 교양서의 착한 느낌을 잘 살려내고 저자와 제목·부제 등과 잘 어울리는, 좋은 패키징의 좋은 사례가 아닌가 생각한다.

원제를 활용할 수 없는 경우의 패키징

다른 사람들도 그렇겠지만(아닌가?) 내가 만든 책 중에서도 제목 때문에 팔린 책보다 제목 때문에 안 팔린 책이 훨씬 많다. 그래도 제목 덕을 본 책이 간혹 있는데, 그중 대표적이라 할 『나는 가해자의 엄마입니다』의 패키징 사례는 3장에서 이미 다루었다.

제목에 대해 유난히 많은 이야기를 들었던 책이 몇 권 더 있는데 그중 하나가 『우리는 어떻게 괴물이 되어가는가』이고, 이 책의 원제는 『Identitat(Identity)』 곧 '정체성'이다. 맞다, 이 책은 정체성의 변화에 대한 이야기다. 하지만 한국에서 '정체성'이라는 제목이 달린 책이 대학 교재가 아니라 일반 독자를 대상으로 출간된다면 얼마나 팔릴 것 같은가? 외서를 만드는 과정에서 이렇게 원제를 활용할 가능성이 1퍼센트도 없을 때, 그것은 대체로 편집자에게 불운보다는 행운이다. 원제에 미련이 조금이라도 남을 경우, 한국어 독자의 입장에서 제목을 생각해 내기가 쉽지 않기 때문이다. 그러니 편집자는 오히려 원제가 좋을수록 더 불안해야 맞다. 원서가 많이 알려져 있고 원제가 직관적으로 알 수 있는 단어거나 그 책이 제시하는 특별하고 성공적인 '개념'을 나타

내는 단어여서 그대로 사용해도 효과적인 경우가 드물게 있기는 하다(적절한 예인지는 모르겠지만 『오리엔탈리즘』 같은 경우? 혹은 『콰이어트』 같은 경우?). 하지만 대체로 원제는 한국어로 표기했을 때 계속 좋을 가능성도 낮고 자연스러울 가능성도 별로 없다. 원서 제목에 미련을 버리지 못해 판단력이 흐려진 사례는 끝도 없다. 원서의 제목도 편집자가 고심해서 지은, 좋은 제목이니 유혹적인 경우는 당연히 많다. 가령 『마이크로스타일』, 『X이벤트』, 심지어 『펭귄과 리바이어던』 등이 모두 꽤 괜찮은데 한국어로는 영어 원제의 느낌이 전해지지 않는다. (내가 만든 책은 아니지만 더 많이 알려진 책 중에 『어댑트』, 『비커밍』, 『더 해빙』 등은 어떤지도 생각해 보자.)

　다시 『우리는 어떻게 괴물이 되어가는가』로 돌아와서, 이 책의 제목을 이렇게 다소 자극적으로 붙일 수 있었던 것은 아이러니하게도 책 자체의 진지함 덕분이다. 어느 날카로운 동종업계 종사자가 이 제목의 묘미는 자극적이지만 '우리'라는 주어가 주는 겸손하고 절제된 느낌이라고 감사한 말을 해 준 적이 있다. 자극적인 제목임에도 '우리' 덕분에 네거티브하지만은 않게 들린다는 뜻이리라. 이 책의 부제는 '신자유주의적 인격의 탄생'(부제는 원서와 크게 다르지 않다. '신자유주의적 인격'이라는 개념도 만들어 낸 것이 아니라 책 내용에서 가져왔다)인데, 이 부제의 사뭇 딱딱한 느낌과 구어체의 일상적 표현을 사용한 제목이 서로 긴장하며 보완하는 역할을 한 것도 도움이 되었다. 띠지의 메인 카피는 '요즘에는 왜 이렇게 사이코가 많을까?'로 잡았는데, 역시 매우 자극적으로 보이겠지만, '신경증 환자가 질적·양적으로 큰 폭으로 증가했다'는 본문의 핵심 내용을 그대로 표현한 것이다. 책의 과감한 문제 제기는 그대로 살리면서도 최대한 독자의 삶으로 들어가 바로 응용 가능한 표현을 사용했을 뿐 책 내용을 배반한 것이 아니다.

시간·비용상의 제약이 있었던 표지 디자인 과정도 기억에 남는다. 자세한 설명은 생략하고 이 책의 내용을 시각적으로 변환하자면 예쁜 아이가 등장하는 공포스러운 장면이 아닐까 싶어서 구체적으로 그런 이미지를 사용해 주기를 요청했고 디자이너가 몇 시간 만에 구입 가능한 이미지 중에서 그런 장면을 찾았다. 디자이너가 색감을 조절하자 (내 개인적인 취향과는 거리가 멀긴 했지만) 더더욱 공포스러운 분위기가 조성되면서 패키징이 완성되었다. 노파심에 부연하자면 이 책은 매우 성찰

적이고 진지하고 깊이 있는 책이다. 문제의식이 날카롭지만 단순히 인상주의적인 비판과 한탄에 머무르는 것이 아니라 그야말로 정체성, 그러니까 인간성의 근본적인 변화에 대해 설득력 있게 설명하는 책이다. 물론 저자가 30년 이상의 임상 경력이 있는 권위 있는 정신분석가라는 사실도 덧붙여야겠다. 이 모든 지점들이 균형점을 만들어 낸 것으로 보인다.

대중과 타이밍을 살펴 완성하는 패키징

다른 사례를 들어 보겠다. 『대중의 직관』이라는 책이다. 이 책 역시 원제가 『Mood Matters』(분위기가 중요하다)로, 도저히 원제를 사용할 수 없는 상황이었다. 원고를 두고 원점에서부터 새롭게 고민해야 하는 상황. 심지어 상의할 만한 저자도 옆에 없는 상황. 다시 말하지만, 원제에 조금이라도 좋은 점이 있으면 사람의 의지로 그걸 버리기가 그렇게 힘들다. 삶과 비슷하지 않은가? 애초부터 존재했던 어떤 결핍은 그것을 수용하는 순간 반드시 선물을 준다. 아무튼 한국어 판권을 계약하는 그 순간부터 책이 나오는 시점까지 걱정에 잠을 못 이룬 밤만 합쳐도 한두 달은 너끈히 될 것 같다. 이 책은 이른바 '사회경제학'이라는 개념을 다루는 책이다. 논쟁의 여지가 있을 수 있는 분야고 개념이다. 지금은 '빅데이터'라는 말이 식상하게 들리지만 포털 검색 사이트 등을 통한 다량의 데이터가 확보되어 연구에 응용되고 대중에게 연구 결과가 소개되기 시작한 것은 그렇게 오래된 일이 아니다. '사회경제학'은 말하자면 일종의 데이터 분석 방법으로 가령 주식 거래 데이터를 이용해 집단적·사회적 심리를 해석해 보려는 시도로 요약할 수 있을 듯하다. 주식거래 데이터를 사회적인 상황 및 집단 심리 상태와 연결시켜 보려고 한다는 점에서 '행동주의 심리학'의 전제와 연결되기도 한다. 논쟁적인 부분은 차치하고 전제와 시도에 대해서는 공부해 볼 만한 여지가 많다고 생각했다. 방법론보다 도출된 결론이 흥미롭기도 했다. 어떤 역사적인 사건이 일어나면 그 사건에 대한 반응으로 사회적인 심리가 변화한다는 것이 일반적인 가설이었다면, 사회경제학은 오히려 심리적인 변화가 역사적인 사건에 우선한다는 것을 데이터로 입증해 보였다. 이 책의 한국어판을 소개한 시기는 대선을 앞둔 2012년 초였다. 한 해 대중의 심리와 분위기를 예측해 보고 싶어 하는 언론의 욕구가 강력했던 시기였다. 집단적이고 사회적인 분위기에 대한 예측, 그로부터 (비롯되는) 정치사회적 변화에 대한 예측으로 관심이 점점 고조되고 있었다. 그래서 사이비 학문·유사 과학의 분위기를 풍기는 '사회경제학'이라는 이름과 '분위기'라는 개념화하기 어려운 표현을 폐기하고 '대중의 직관'이라는 새로운 제목을 붙이게 된 것이다. 메인 카피는 '대중은 역사의 방향을 동물적으로 알고 있다'였다. 제목과 부제와 타이밍이 잘 맞아떨어져 좋은 결과를 냈다.

매력 요소가 많은 책을 패키징할 때의 유의점

조심스럽지만 부정적인 사례도 언급해야 할 것 같다. 잘된 사례보다는 잘못된 사례가 뼈아픈 교훈을 남기면서 현장에서 바로 써먹을 수 있는 가르침을 준다. 실은 이런 아쉬운 사례만으로도 책 한 권을 쓸 수 있을 것 같지만 딱 하나만 언급하자면, 『집 놀이』라는 책이 있다. 전작이 10만 부가 훌쩍 넘게 판매가 되었던 초특급 작가 김진애 박사의 책이다. 개인적으로도 매우 좋아하는 저자다. 책을 만드는 과정은 긴장되는 순간도 있었지만 대체로 매우 즐거웠다. 그런데 우리 책은 안 팔렸다. 물론 김진애 선생님도 나도 전작 수준의 판매를 기대하지는 않았다. 책의 결도 다르고 독자층도 다르고 무엇보다 마케팅 자원의 구조 자체가 전작 출판사와 확연히 다른 상황이었다. 그렇지만 그런 현실적이고 양심적인 기대에도 못 미치는 결과였다. 그리고 이것을 마케팅 실행에서의 실패가 아니라 패키징에서의 실패로 받아들여야 한다는 정황이 분명했다. 애초에 콘셉트가 다소 애매했는데, 제목이 그 혼란에 정점을 찍었다. 어린이책인가 혼동된다는 반응, 제목이 어디까지이고 부제가 어디서부터인지 모르겠다는 반응도 있었다('그 여자 그 남자의'라는 부제가 제목 뒤에 들어간다). 지금 돌아보니 모두 수용해야 마땅한 의견들이다. 이 책의 메시지는 한국에서 집이 갖는 여러 상징적이고 현실적인 의미망을 고려할 때 다소 비현실적이다. 내가 집에서 하루 종일 학교도 안 가는 아이를 데리고 삼시 세끼 해 먹는 생활을 1년 넘게 해 보니 집 '놀이'가 얼마나 비현실적인지 더 실감된다. 물론 의도는 이런 현실적인 고충을 크리에이티브하게 극복해 보자는 선한 것이었지만, 안타깝게도 저자의 '초특급울트라수퍼엘리트'의 면모와 결합하니 그런 의도가 묻힌 격이 되었다. 오히려 선한 의도를 강조하느라, 정작 가장 중요한 독자 유인 요소였던 저자의 매력을 강조하기가 어렵게 된 면이 있다.

나는 왜 이런 제목을 붙였을까? 원고에 워낙 반짝이

는 아이디어들이 많았기 때문에 크리에이티브해야 한다는 강박이 있었던 것 같고, 저자와의 소통에도 조금 문제가 있었다. 저자를 개인적으로 좋아하다 보니 저자의 의견에 휩쓸려 간 측면도 있고, 출간이 미루어지면서 저자에게 미안한 마음에 타협을 한 느낌도 없지 않다. 시간을 되돌린다면, 나는 차라리 김진애 저자를 마음 놓고 선망하도록 하는 메시지를 선택할 것 같다. 내용도 일부 추가하고 '워킹맘이 일과 살림과 양육을 양립시킬 최적의 무게 중심을 찾는 방법: 주거편'에 대한 저자의 생생한 조언으로 책을 만들어 낼 것 같다. 당당하고 화려하고 원색적인 카피를 사용해 보는 것도 나쁘지 않을 것 같다. 지금은 정치인으로 활동을 재개해 저자 이미지가 바뀌면서 이런 리패키징이 어려워졌지만, 이 원고가 콘텐츠에 걸맞은 화려한 옷을 꼭 입어 보기를 소망한다.

{ 10 }

홍보와 마케팅 그리고 집단으로서의
독자를 존중하기

편집자의 일과 마케터의 일

이제 우리는 홍보와 마케팅이 편집자의 일인가, 편집자는 홍보와 마케팅의 어디까지 책임을 느껴야 할까 같은 가장 어려운 문제에 도달했다. 결론부터 말하면 홍보와 마케팅도 편집자의 일이다(책 만드는 과정 어떤 것도 편집자의 일이 아닌 것은 없겠지만). 홍보나 마케팅을 기획과 떼어 내서 생각할 수 없기 때문에 그렇다. 책이 어디에 놓여서 어떤 독자를 타깃으로 할지 분야를 정하고 독자를 설정하는 일(포지셔닝)이 앞장에서 다룬 패키징과 긴밀하게 연결되어 있기 때문이기도 하다. 또 점차 콘텐츠 마케팅의 비중이 높아지고 있는데, 이는 서점 네트워킹을 잘 관리하는 전통적인 출판사 마케터(영업자)의 일보다는 편집자의 일과 더 유사하다는 점도 영향을 미치는 것 같다.

다만 선을 잘 긋고 지켜내야 하는 것도 맞다. 앞서 교정·교열이 점차 외부로 밀려나는 상황에 대해 이야기했는데 이렇게 편집의 핵심 업무가 지장을 받아서는 안 된다는 점에서도 그렇고, 매출에 대한 책임이 편집자에게 집중되어서는 안 된다는 점에서도 그렇다. 편집자의 관점이 마케터의 그것과 구분되어야 한다는 점에서도 그렇고, 편집자가 마케터를 이끄는 것이 아니라 마케터의 판단을 존중하며 협업해야 한다는 점에서도 그렇다.

디자인과 마찬가지로 홍보와 마케팅에 있어서도 편집자는 담당자의 권한을 인정하고 담당자의 판단을 존중해야 한다. 마케터가 주도적으로 일하게 만드는 것이 편집자의 중요한 능력이라는 것이다. 물론 마케터가 좋은 기획을 하는 경우도 종종 있다. 마케터가 저자 관리, 특히 저자 접대를 더 잘하는 경우도 종종 있다. 마케터와 편집자의 일은 마치 디자이너와 편집자의 일만큼이나 서로 어느 정도 겹쳐 있는 것이 사실이다. 나는 두 번째 회사에 다니던 시절에 다음과 같이 배웠는데, 여전히 꽤 맞는 말이라고 생각한다. "편집자는 반쯤은 디자이너 같은 관점을 가져야 하고 디자이너는 반쯤 편집자 같은 관점을 가져야 협업이 쉽다. 편집자는 반쯤은 마케터 같은 관점을 가져야 하고 마케터는 반쯤 편집자 같은 관점을 가져야 협업이 쉽다."

앞서 포지셔닝을 결정하는 데 편집자의 역할과 판단이 크게 작용하고 또 포지셔닝이 패키징과 떼어 낼 수 없는 관계에 있다고 썼는데, 특히 추천사와 카피는 홍보와 마케팅 전반에서 활용되는 가장 중요한 원재료 중 하나다. 이것이 홍보·마케팅의 밑작업이라고 할 수도 있겠다.

내가 일했던 모든 회사에서는 마케팅 기획서를 편집자가 작성했는데, 인문·사회 분야의 책에는 통상적인 마케팅 전략이 적용되기 쉽지 않아서 그랬을 거라 이해한다. 하지만 그렇더라도 마케팅 기획서는 마케터들이 분야 특수성을 고려해 작성하는 것이 바람직하다. 편집자들이 전문화하는 것만큼이나 마케터들이 전문화하는 것은 어떨까 종종 생각해 본다. 리스크를 수반하겠지만 분명히 효과가 있으리라고 생각하는 일 중 하나다. 문서 작성을 편집자가 하거나 편집자와 마케터가 같이 하는 경우라도, 그 자료는 마케터에게서 온다. 최소한 특정 독자층을 공유하는 책들, 이를테면 환경·생태 분야 등의 최근 판매 동향(그 시장 안에서 마케터들이 생각하는 주요 도서들의 목록●과 판매량) 그리고 핵심적인 경쟁 도서나 참고 도서의 홍보, 마케팅 현황을 세부적으로 분석하는 두 가지 방향은 모두 포함되어야 한다. 여기에 특정 마케팅 방법의 효과를 조사하거나 특정 광고의 효과를 조사하는 일들이 추가될 수 있다. 편집자는 이 데이터들이 왜곡 없이 독자 설정과 그에 따른 패키징, 포지셔닝에 잘 반영되도록 해야 한다. 결론적으로 마케팅 기획의 과정은 편집자의 관점과 마케터의 관점이 적절히 긴장하며 그 안에서 서로가 보지 못하는 부분을 서로가 보게 만들고, 바람직한 소통을 통해서 더 정확한 설계를 하는 과정이라고 정리할 수 있다.

3분 만에 배우는 보도자료 쓰는 법

본격적인 홍보는 보도자료에서 시작한다. 보도자료는 서점 소개에도 쓰이지만 일차적으로는 보도를 위한 것이다. 일간지 서평면의 영향력이 아무리 축소되었다고 해도 1차적으로 책이 소개되는 매체는 여전히 일간지

● 흥미롭게도 편집자들이 생각하는 유사 도서, 참고 도서의 목록과 비슷하면서도 또 매우 다르다.

서평면이다(배본을 먼저 하더라도 그렇다. 서점용 자료가 필요하면 따로 간단하게 만든다). 인터뷰든 서평이든 일간지에 소개가 되면 서점 영업도 SNS 홍보도 순조롭게 출발할 수 있다. 그래서 다시, 보도자료의 타깃은 명확하게 언론사(일간지)라고 생각하는 편이 좋다. 사실 보도자료 쓰기란 책의 메시지를 시사적인 사건들이나 이슈들과 연결시키는 것이 핵심이기 때문에 사회서는 물론 인문서에서도, 아니 심지어 에세이나 실용서에서도 사회적인 메시지를 추출해 내는 감각이 중요하다.

우선 본문을 이룰 핵심적인 메시지, 곧 '야마'●●를 뽑는데, 되도록 생생하고 많은 사람들이 공감할 만한 메시지를 중심으로 뽑는다. 쟁점이 될 만한 것들도 좋다. 서두에서 우리 삶과 연결된 생생한 키워드, 주제 별로 사고하고 그에 기반해 지도를 만드는 것이 기획에서 중요하다고 했는데, 그런 노력이 홍보와 마케팅에서도 이렇게 유용하게 활용된다. 그다음 가장 최근의 시사적인 사건들을 찾아 그 메시지와 연결시킨다. '야마'가 많다고 좋은 것이 아니니, 잘 엮어 내고 솎아 내 가장 공감을 받기 쉬운 한두 가지 정도만 뽑는다. 책의 특장점과 차별성에 해당하는 것을 중심으로도 야마를 뽑는다. 내용

●● 쓰면 안 되는 말이라는 걸 알면서도 대체 가능한 단어가 없어서 여기서만 일단 쓴다. 이후로는 '핵심적 메시지'라든가 '테마'라는 말로 대체해 쓰겠다.

적인 차별성과 형식적인 차별성을 골고루 고르는 것도 괜찮다. 저자가 중요한 경우 저자를 하나의 야마로 뽑을 수도 있다. 이렇게 서너 가지를 뽑는데 그중 시사적인 메시지를 제일 앞에 놓는다. 각 야마가 한 소절의 주제가 된다고 할 때 그 소절의 본문 분량은 굳이 길 필요가 없다. 책을 읽지 않은 사람도 이해할 수 있을 정도로만 설명하고 부연하면 된다. 이때 소절의 제목을 잘 뽑아내는 것도 중요하다. 마지막으로 그 단락의 내용을 잘 보여 줄 만한 책의 인용구를 채워 넣는다. 책 인용구들은 삼교 단계에서 좋은 구절을 모두 체크해 따로 둔다. 이 인용구는 이후 SNS 홍보를 할 때도, 카드 뉴스를 만들 때도 계속해서 유용하게 쓰인다.

맨 앞 장에는 표지와 핵심 카피와 추천사 중 좋은 문장을 발췌한 것, 기본적인 서지 사항, 그다음 장부터는 보도자료 본문(세 소절), 그 후 차례, 추천사, 저·역자 소개를 넣으면 끝이다. 또 지면에서 비중 있게 소개가 될 때는 이미지들이 필요하기 때문에 저작권 문제가 없는 이미지들을 미리 보도자료에 같이 포함시켜 소개하는 것이 좋다. 중요한 것은 보도자료가 한 편의 글로 완결되지 않아도 된다는 사실이다. 앞뒤 문장의 매끄러운 연결을 크게 염려하지 않아도 되고, 아름다운 문장을 쓰지 않아도 된다. 심지어 개조식으로 써도 된다. 철저하게 실용적으로, 영미권의 두괄식으로 작성한다. 글을 잘 쓰는 것보다 메시지에 대한 감각이 훨씬 중요하다.

광고, 행사, SNS

요즘은 광고의 의미가 많이 줄어들었다. 특히 이전에 매우 중요한 영역이었던 신문 광고는 거의 사라졌다고 해도 과언이 아니다. 이전에는 편집자가 종이 신문 광고에 적합한 디자인과 카피를 열심히 공부하기도 했지만 그렇게 공부했던 것들은 이제 모두 무용지물이 되었다. 서점 광고, 특히 온라인 서점의 광고는 아직도 다양한 방식으로 이루어지고 있지만, 키워드 광고나 배너 광고의 경우 이전 지면 광고에서 공부하고 체험했던 팁들이 잘 적용이 되지 않는다. 마케터나 디자이너 혹은 광고 담당자가 알아서 진행하는 편이 낫다.

이렇게 줄어든 광고를 대체해 콘텐츠 광고들이 늘어나고 있다. SNS 광고를 비롯해 다양한 플랫폼과 채널에서 "소정의 광고료를 제공받고 작성되었다는" 리뷰들, 새로운 채널에서 광고비를 받고 제작해 주는 카드뉴스와 동영상까지 다른 한 편으로는 동네 서점이나 도서

관과 협업해서 만드는 다양한 광고물까지 마케터와 디자이너와 편집자는 새로운 광고처를 찾고 새로운 광고 형식을 시도해 보고 그것에 적응하며 상당히 많은 에너지를 쏟고 있는 것이다.

다른 채널과 플랫폼을 경유해 독자를 찾아 알리는 일이 처음엔 손쉬울 수 있지만 비용은 비용대로 들고 남는 게 없는 듯 느껴지기도 한다. 그러다 보니 출판사는 독자를 직접 만나는 방식에 대해서도 고민하고 있다. 북클럽이나 각종 구독 형태의 홍보 및 판매를 시도해 보는 출판사가 늘어나고 있고, 나도 오래전부터 관심을 갖고 있던 시도이기는 하다. 다만 이에 따른 관리 비용 역시 만만치 않기 때문에 회사(관리자)는 득실에 대한 명확한 기준을 가지고 움직여야 할 것이다. 바꿔 말하면, 담당자에게 "우리도 뉴스레터 한 번 해 볼까?" 같은 형태로 던질 일이 아니라는 것이다. 이런 측면에서는 확실히 상향식 제안이 효과적이다. 경영진이나 관리자는 편집자나 마케터가 하고 싶은 걸 마음껏 하도록 내버려 두고 충분히 지원하는 것을 자기 일로 생각하는 것이 좋겠다.

물론 전통적으로도 출판사가 독자와 직접 만나는 기회들이 있었다. 출간 기념 강연·대담·좌담·북토크·독자와의 만남 같은 행사들이 그것이다. 이 경우도 서점이나 다른 매체와 협력하는 경우가 많지만 어쨌든 독자의 정보가 출판사에 도착한다는 점은 확실하다. 이렇게 '저자'를 활용하는 홍보나 마케팅은 효과가 입증된, 매우 주요한 마케팅 방식이다. 편집자와 마케터는 저자의 여러 조건과 성향을 고려해 만나야 할 독자의 수·특징·공간·형식 그리고 이야기가 흘러나는 방식까지 조율한다. 수많은 행사를 통해 저자가 소진되지 않아야 하고 조금이라도 에너지를 얻을 수 있도록 해야 하는 것이다. 대담이나 토크의 경우 패널이나 게스트로 어떤 분을 모실지에 대해서도 잘 생각해야 한다. 이 모든 과정에서 저자를 보호해야 하지만, 그러면서 또 독자의 만족도, 아니 더 정확히 말하면 책이 확장될 가능성, 즉 홍보 효과에 대해서도 고려해야 하는 것이다. 이것은 결국 책이 어떤 이야기 사이에 놓이도록 만들 것인가, 어떤 목소리 사이에 놓이도록 만들 것인가와 관련된 결정이다.

한 가지 공유하고 싶은 것은 대략 5년쯤 전의 경험이다. 프랑스 철학서를 출간한 후 편저자 선생님의 도움으로 대학의 대형 강의실을 빌려 대규모 강연 행사를 홍보 행사로 진행한 적이 있다. 강연은 성황을 이루어서 총 4번의 강좌를 열었는데 한 번에 수백 명이 (신청이 아니라) 참여하는 성과를 거두었다. 반복적으로 참석하신 분도 많았겠지만 참여 인원을 단순히 합하면 1,200 명이 넘는 인원이었다. 그러나 이 책의 총 판매 부수는 그에 못 미쳤다. 애초에 여러 저자들의 논문을 모아 엮은 학술서라 사이즈가 큰 책이 아니긴 했지만 힘이 빠지는 일이었다. 비슷한 사례들이 더 있다. 매일 곳곳에서 지나치게 '고퀄'의 이벤트와 행사와 강연이 무료로 열린다. 도서관과 서점과 협업하는 경우도 많은데, 책과 관련된 생태계 전반의 협업을 장려하는 것은 좋은 일이지만, 그 효과가 무엇인지는 진지하고 세밀하게 고민하게 봐야 할 것 같다. 혹시 양질의 콘텐츠를 무료로 손쉽게 소비하는 습관을 만들어 내고 있는 것은 아닐까? 편집자는 콘텐츠를 직접 만들어 '팔기까지' 해야 하는 사람이다 보니 어쩔 수 없이 이런 고민이 무겁게 찾아오곤 한다.●

홍보와 마케팅, 나아가 브랜딩에서 최근의 경향은 만드는 사람을 전면에 드러내는 방식이다. 저자뿐 아니

● 코로나로 인해 출판사에서 주최하거나 협업해 온 많은 행사들이 취소되거나 온라인으로 바뀌었다. 아마 현장에 계신 분들은 무엇이 정말 필요한 일이었고 무엇이 불필요한 일이었는지 피부로 느끼셨을 것 같다. 이 기회에 이런 행사들의 취지와 의미 그리고 비용과 효과를 철저하게 따져볼 수 있을 것이다. 한편 '클럽하우스' 같은 새로운 채널의 등장 역시 이와 관련해 생각해 볼만 한 주제다. 어떻게 하면 시간과 노력과 정성을 많이 빼앗기지 않고 책의 가치를 훼손하지 않으면서 다양한 매체와 채널을 책의 생태계 안으로 끌어들일 수 있을까, 나도 고민 중이다.

라 편집자·디자이너 때로는 마케터에게까지 관심이 미치고, 그러다 보니 출판사의 브랜드·저자의 브랜드·책의 브랜드뿐 아니라 편집자의 브랜드·디자이너의 브랜드 등등 온갖 브랜드들이 동원된다. 그야말로 모두가 각자의 브랜딩을 고려하며 협력해야 하는 '초마이크로 브랜딩'의 시대라 할 만하다. 홍보와 마케팅에서 이렇게 개인의 브랜드와 개인의 목소리가 중요해지는 이 시점에, 저자는 물론이고 편집자든 마케터든 자기가 만드는 책 홍보와 관련해 최소한 SNS를 하지 않기란 자의로나 타의로나 매우 어려운 일인 것 같다. 다만 아무리 개인 채널에서 이야기를 하더라도 편집자가 책에 대해 하는 이야기는 저자가 자기 책에 대해 이야기하는 것보다 훨씬 공식적인 언급이 될 수밖에 없기 때문에, 조금 더 조심스러워야 할 것 같다.

앞서 편집을 독자는 물론, 저자도, 사장도 잘 모르는 눈에 보이지 않는 노동, 그렇지만 꼭 기억되어야 할 과정이라고 썼다. 편집이라는 행위는 콘텐츠에 대해 어떤 권한도 법적으로 보장받지 못하지만, 그럼에도 불구하고 기억되어야 하는 과정이라고도 썼다. 그런 측면에서 독자들이 기존에 드러나지 않았던 책 만들기 '과정'(이를테면 무대 뒤에 대한 관심과 비슷한 것)에 대해 궁금

해하는 것은 어찌 보면 바람직하고 또 자연스러운 반응
이다.

홍보와 마케팅이 이렇게 개인화되어가는 상황에서
일과 사생활은 어디까지 연결되어야 하고 얼마만큼 분
리되어야 건강하게 지속 가능할까? SNS를 하지 않는
편집자, 혹은 회사 계정과 개인 계정을 엄격히 구분하
는 훌륭한 편집자도 많다. 물론 팟캐스트나 유튜브를 하
는 훌륭한 편집자도 많다. SNS나 팟캐스트 유튜브가 아
닌, 또 나에게 꼭 맞는, 내가 재미있게 할 수 있고 감당할
수 있고 통제할 수 있는 좋은 개인 홍보 매체가 생겨날
수도 있다. 정답이 있기보다는 각자 자기 기질과 역량에
대한 명확한 이해와 판단 그리고 이에 대한 협의 및 소
통이 팀 내에서 또 회사 내에서 충분히 선행되어야 한다
고 생각한다. 소셜미디어란 항상 리스크와 연결되어 있
으니, 발생할 수 있는 문제에 대해서도 한번쯤 가이드라
인을 협의해 보는 일이 필요하다고 생각한다. 생각해 볼
내용으로는 공개할 수 있는 정보의 범위, 회사에서 개인
계정의 내용을 활용하고 싶을 때 취해야 할 조처, 문제
가 생겼을 때의 책임 소재, 혐오·차별적 표현의 문제 등
이 있을 수 있겠다.

독자란 누구인가

4장에서 이야기한 대로 원고를 쓰는 과정은 매우 고독한 과정이다. 책을 쓴다는 것은 내 안으로 깊이 들어가서 남의 목소리들이 다 사라진 상태에서 내 목소리를 찾아내야 가능한 일이다. 이런 내밀한 과정을 거쳐 원고가 만들어지고 다시 편집자가 그 원고와 내밀한 1:1 소통을 하면서 원고가 마침내 책으로 만들어진다. 편집자와 독자의 관계는 그와 정반대의 속성을 지니는 것 같다. 독자를 특정한 개인의 모습으로 떠올리는 것은 '마케팅 프로파일링' 과정에서 활용하는 방법이기는 하지만, 그것은 어떤 전형(모델)의 상상일 뿐, 개별적인 소통이라고 보기는 어렵다. 현대의 책이 인쇄라는 대중화 기술과 함께 만들어진 매체라는 것을 생각해 보면 당연한 이야기기는 하다. 그것이 왜 중요할까? 출판사, 편집자, 마케터에게 독자는 1:1로 소통해야 할 대상이 아니라는 뜻이기 때문이다. 그런 환상을 심어 주는 마케팅 기법이 생겨나면 효과적일 테지만 독자를 1:1로 정조준해서 관리하기는 어렵다.

독자를 상정할 때 우리는 내 친구, 나와 가까운 사람이 책을 읽는 모습을 상상할 때가 많다. 독자 개인이 책을 읽는 장면을 떠올리는 것이다. 그것은 읽기에 관한 장에서 언급했듯이, 고유한 독자가 고유한 텍스트와 고유한 소통을 하는 순간이다. 인문·사회 분야의 책을 만드는 편집자는 더더욱 이런 경향이 강한데, 주변에 그렇게 책을 읽는 독자가 많이 있기 때문인 것 같다. 그러나 우리가 홍보와 마케팅 과정에서 잊지 말아야 할 것은, 이와는 전혀 다른 개념으로, 집단으로서의 독자라는 개념이 존재한다는 사실이다. '독자 대중'이라고 부를 수 있을 법한 이들의 존재가 얼마나 엄연하냐면, 나는 이 존재를 가끔 칸트의 '물자체', 혹은 거기서 파생된 개념인 '실재계'The Real 따위에 비유하곤 한다. 이 시대의 정신, 아니 무의식의 총합이랄까. 성별·나이·학력·경제력·성격·취향·직업·지역 등의 모든 분류를 다 아우르는(혹은 그것을 모두 초월하는) 집단으로서의 독자 대중. 선거 때만 되면 등장하는 '여론' 같은 말이 이와 비슷할까? 선거를 하기도 전에 선거 결과를 알고 있다는 구글 신만이 접선할 수 있는 그것 말이다. 이것(개개인의 사람이 아니고 집단으로서의 단수이므로 사물 주어로 받아야 맞을 것 같다)의 흐름을 탈 수 있다면, 그 콘텐츠는 성공한다. 아무리 정교하게 설계되고 건설된 콘텐츠라도 이 흐름을 타지 못하면 실패한다. 이것에 대해 알려진 방정식은 이것 하나뿐이다.

　이런 거대한 집단으로서의 독자를 이해하거나 그 것의 움직임을 예측하는 합리적인 방법 같은 것은 알 수 가 없다(남들도 잘 모르는 것 같지만 그중에서도 내가 제일 모르는 것 같다). 그것은 때로 살아 움직이면서 어 떤 합리적인 예측도 피해 도망다니는 것 같기도 하다. 사후적인 해석만이 가능할 뿐이다. 오히려 어떤 '감'을 가진 사람이 잘 포착해 내는, 알 수 없는 그것. 그럼에도 불구하고 그 존재를 아는 것은 중요하다. 가령 『정의란 무엇인가』, 『82년생 김지영』이 그렇게 많이 읽힌 이유 를 여러 측면에서 곱씹어 볼 수는 있지만 그것을 사전에 합리적으로 설계하기는 어렵다는 뜻이다. 여태까지는 설계할 수 있고 준비할 수 있는 과정들에 초점을 맞추어 원고를 썼지만, 책을 마치는 이즈음에서는 이 이야기를 꼭 해야 할 것 같다.

　책을 만들어 파는 사람이라면 독자 대중, 그러니까 그 시대의 집단적인 정신의 총합에 대해서 대단히 겸손 한 태도를 취해야 하고 취할 수밖에 없다. 나는 이것이 야말로 편집자들의 소양이자 미덕이라고 믿는다. 시비 와 선악을 넘어선 이런 흐름에 대한 인식은 계몽적인 태 도를 버리는 데 큰 도움이 된다. 독자의 선택은 가치판단의 대상이 아니다. 기존의 세계관이나 상식으로 분별하기 어려운 일이 있을 때, 그것을 서둘러 부정하고 비난하기보다는 그것이 '있다'는 사실에 좀더 집중해야 한다는 뜻이다. 실제로 20여 년 동안 많은 사람들이 사후적으로 해석해 온 독자 대중의 취향이나 열정(파토스)은 계속해서 변해 왔다. 앞으로도 계속 변할 것이다. 오해하지 마시기 바란다. 그것이 무조건 '옳다'는 말이 아니다. 자연이 그렇듯 그것은 때로 거칠고 폭력적이다. 그것들을 성찰하고 비판하는 일이 자기 몫인 사람이 있다는 것을 알고 있다. 하지만 대중 출판은 늘 이런 변화를 (때로는 못마땅하거나 불안하게) 마중하면서 한 걸음씩 앞으로 나아가는 식으로 만들어져 왔다고 생각한다.

독자가 책을 알아봐 줄 때 고맙고 독자가 책을 오해할 때 아쉽고 독자가 무서울 때도 있고 심지어 우스울 때도 있다. 무엇보다 독자가 돈을 들여 책을 사고 시간을 쪼개서 읽으려고 하고 책의 가치를 믿을 때 정말로 고맙다. 이것이 앞서 말한 '신뢰'라는 자원이다. 하지만 나는 독자를 설득 가능한 존재라고 생각해 본 적이 없다. 독자와 논쟁을 하고 독자를 가르치고 독자를 바른 길로 이끌겠다는 환상은 최소한 편집자의 환상은 아니다. 좋은 책을 냈는데 독자가 외면하면 책을 만드는 사람들은 그것을 수용하는 수밖에 없다. 내가 만드는 책이 읽히는 책이 될 수 있도록 최선을 다해 설계하고 전략을 짜고 조준을 하지만 정작 읽히지 않는다고 해도 독자를 탓할 수는 없는 것이다. 나는 이런 편집자의 소양이 개별 인간으로서의 삶에도 도움이 되었다고 믿는다. 나는 독자들의 오해, 독자들의 선택, 혹은 독자들의 열광을 두고 그것을 가치 판단하기보다는 그것에 대해 곰곰이 생각해 보는 훈련을 해 온 것이다. 이런 훈련이 없었다면 나는 지금보다도 훨씬 더 꼰대 같은 인간이 되었을 것이다.

　무조건 유행을 따라야 한다는 뜻이 아니다. 인문·사회 분야의 책이라도 '읽혀야' 책이라는 뜻이다. '읽히는 책이 좋은 책'이라는 믿음을 나는 취미나 사명이 아닌 '업'으로 편집을 하는 사람들의 최고 직업윤리로 꼽는다. 독립출판이나 취미로, 운동으로 하는 출판은 다를지도 모르겠다. 하지만 사회과학책이라고 해서 소수의 독자만을 정조준하겠다는 태도는 위험하다는 뜻이기도 하고, 꿈과 희망을 더 크게 가지자는 뜻이기도 하다. 이런 점에서 다시 처음의 질문으로 돌아가 답을 하자면, 홍보와 마케팅은 편집자의 일, 그것도 매우 중요한 일이라고 하겠다.

사회과학책 만드는 법
: 시대에 필요한 질문을 던지는 편집자의 공부

2021년 4월 4일   초판 1쇄 발행

지은이
김희진

| **펴낸이** | **펴낸곳** | **등록** |
| 조성웅 | 도서출판 유유 | 제406-2010-000032호(2010년 4월 2일) |

주소
서울시 마포구 동교로15길 30, 3층 (우편번호 04003)

| **전화** | **팩스** | **홈페이지** | **전자우편** |
| 02-3144-6869 | 0303-3444-4645 | uupress.co.kr | uupress@gmail.com |

	페이스북	**트위터**	**인스타그램**
	facebook.com	twitter.com	instagram.com
	/uupress	/uu_press	/uupress

| **편집** | **디자인** | **마케팅** |
| 사공영, 백도라지 | 이기준 | 송세영 |

| **제작** | **인쇄** | **제책** | **물류** |
| 제이오 | (주)민언프린텍 | (주)정문바인텍 | 책과일터 |

ISBN 979-11-89683-86-3 04300
　　　979-11-85152-36-3 (세트)

텀블벅 후원자 명단